-현대인의 법교양서-

판례중심 법과 생활

한 동 주 저

三 潮 社

머리말

현대 사회에서 법률이 차지하는 비중이 점점 높아지고 있다. 명칭조차 너무나 생소한 많은 법률들이 매년 국회를 통해 제정되어, 우리의 일상생활에 깊숙이 자리 잡고 있으며, 우리가 모르는 사이에 우리의 삶에 커다란 영향을 미치고 있다.

이런 현실을 반영하여 대학에서는 교양강좌에 생활과 법률 또는 이와 비슷한 명칭의 강좌를 개설하여 사회 진출을 앞둔 학생들에게 법적인 사고를 높이는 데 힘쓰고 있다. 그런데 법을 전공하지 않는 학생들에게는 강의를 소화하기가 결코 쉽지 않다는 이야기를 많이 들어왔다.

그리하여 좀 더 쉽게 법에 다가갈 수 있게 교재를 출간해야겠다는 생각을 하게 되었다. 사실 법률이라는 것이 대부분 그 내용이 어렵다기보다는 법률용어가 어렵다고 하겠다. 또한 범위가 넓어 어느 정도까지가 교양강좌에 적합한지도 단정하기가 쉽지 않다. 이런 점과 강의실에서 느꼈던 학생들이 원하는 내용을 감안하여 주2시간 한 학기 강의에 맞게 과감하게 범위를 좁히고 법률용어를 좀 더 쉽게 설명하는 데 초점을 맞추었다. 그리고 무엇보다도 실제로 법이 어떻게 운용되고 있는지를 판례를 통해 알 수 있게 되도록 많은 판례들을 소개하였다. 판례들을 통해 수준별 학습이 가능하고, 지적 호기심을 갖고 있는 학생들의 욕구를 채울 수 있지 않을까 기대해 본다.

계속되고 있는 출판계의 어려움에도 불구하고 본서를 출간해 주신 삼조사의 하인웅 사장님과 편집을 담당해 주신 편집부의 직원께 감사드립니다.

2022년 5월

한동주 씀

차 례

제1장 법이란 무엇인가

제2장 헌법의 기본원리와 기본권의 이해

제3장 자연인 · 법인 · 물건에 대한 이해

차 례

제4장 친족관계의 이해

제5장 혼인과 혼인해소의 법률관계

제6장 상속과 유류분의 이해

차 례

제7장 유언의 이해

제8장 대리제도의 이해

제9장 물권과 채권의 기초 이해

차 례

제10장 주택임대차보호법의 이해

제11장 범죄와 질서

제12장 형사절차의 이해

차 례

제 1 장

법이란 무엇인가

Ⅰ. 법의 의미
Ⅱ. 법의 이념
Ⅲ. 법의 종류

제1장 법이란 무엇인가

Ⅰ. 법의 의미

법이란 국가권력에 의해 강제되는 사회규범으로, 사람들이 지켜야 할 규칙이며 사회 구성원들이 지켜야 하는 공동생활의 기준을 의미한다. 여기서 규범이란 사회질서를 유지하기 위해 사회 구성원들이 지켜야 할 행동규칙을 뜻하는데, 법 이외에 도덕, 관습 등이 있다. 도덕이란 사회의 구성원들이 양심, 사회적 여론, 관습 따위에 비추어 스스로 마땅히 지켜야 할 행동 준칙이나 규범의 총체를 의미하며, 관습이란 어떤 사회에서 오랫동안 지켜 내려와 그 사회 구성원들이 널리 인정하는 질서나 풍습을 의미한다. 무엇보다도 다른 규범과는 달리 법은 국가권력에 의한 강제력이 인정된다는 특징을 갖고 있다.

Ⅱ. 법의 이념

법이 추구하는 근본 사명을 법의 이념 또는 법의 목적이라고 한다. 이와 관련하여 독일의 법철학자인 라드브루흐(G. Radbruch,1878~1949)가 정의, 합목적성, 법적 안정성이라고 정리를 하였는데, 아직도 이에 따라 법의 이념을 설명하고 있다.

1. 정　　의

정의(正義, justice)란 국어사전적으로 올바른 마음, 또는 바른 뜻을 의미한다. 그런데 정의란 무엇인가 하는 물음은 오랫동안 논의되어오고 있다. 그럼에도 불구하고 정의(正義, justice)에 대하여 한마디로 정의(定義, definition)를 내리는 것은 쉽지 않은 일이다.

아리스토텔레스(Aristoteles, 384~322 BC)는 정의를 광의의 정의와 협의의 정의 둘로 나누었다. 광의의 정의는 일반적 정의로서 사람의 심정 및 행동을 공동생활의 일반원칙에 적합 시키는 것이라 하였다. 협의의 정의는 각자의 정신상·물질상의 이해(利害)를 평등하게 하는 것이라고 하면서 평등을 특수적 정의로 보았다. 이 특수적 정의를 다시 평균적 정의와 배분적 정의로 나누었다. 평균적 정의는 절대적 평등을 요구한다고 하였으며, 배분적 정의는 비례적 평등을 의미한다고 하였다.

키케로(Cicero, 106~43 BC)는 정의를 각자에게 그의 몫을 주는 것이라 하였고, 이와 비슷하게 존 롤스(John Rawls, 1921~2002)도 정의를 각자에게 그의 몫을 나누어 주는 것이라 하였지만 몫과 관련하여 내용과 절차의 양면에서 공정의 확보에 그 중점을 두었다.

울피아누스(Ulpianus, 170?~228)는 정의를 각자에게 그의 권리를 향유시키려는 부단하고도 항구적인 의지라 하였다.

현대에는 정의를 편향된 주관이나 윤리에서 벗어나 최대한 공정한 입장에서 개인의 기본권을 보호하는 것이라는 것이 설득력 있게 주장되고 있다.

2. 합목적성

합목적성(合目的性)이란 법이 사회가 추구하는 가치나 목적에 구체적으로 합치하는 것을 의미한다. 즉 법에서 합목적성이란 어느 국가의 법질서가 어떠한 표준과 가치관에 의하여 구체적이고 개별적으로 제정·실시되는 원리를 의미한다.

3. 법적 안정성

법적 안정성(法的 安定性)이란 법의 규정이 명확하고 잦은 변경이 없도록 하여 국민들이 법에 따라 안심하고 생활할 수 있도록 하여야 한다는 의미이다. 즉 법적 안정성은 법에 의한 안정이 아니라 법 자체의 안정성을 의미한다. 이를 위하여 첫째, 법의 규정이 명확해야 한다. 둘째, 법이 너무 쉽게 제정되거나 개정 또는 폐지되어서는 안 된다. 대부분의 국가가 국가권력을 분립시켜 서로 견제하도록 하고 있는데, 이것은 신중한 입법절차와 개정절차 또는 폐지절차를 거쳐 법적 안정성을 보장하기 위함이다. 셋째, 법은 실제로 실현 가능해야 한다. 즉 법은 실효성이 있어야지 너무 높은 이상만 추구해서는 안 된다. 넷째, 법은 국민들의 법의식수준 또는 법 감정에 맞는 것이어야 한다.

이러한 정의, 합목적성, 법적 안정성은 서로 모순적이면서도 서로 협력·보완관계를 이룬다. 예를 들면 우리 헌법 제37조 제3항은 "국민의 모든 자유와 권리는 국가안전보장·질서유지 또는 공공복리를 위하여 필요한 경우에 한하여 법률로써 제한할 수 있으며, 제한하는 경우에도 자유와 권리의 본질적인 내용을 침해할 수 없다."라고 규정하고 있는데, 여기서 '국가안전보장·질서유지 또는 공공복리'는 합목적성, '법률로써 제한'은 법적 안정성, '자유와 권리의 본질적인 내용'은 정의와 관련된다. 즉 법의 이념인 정의, 합목적성, 법적 안정성은 조화로운 조정을 원칙으로 한다고 하겠다.

한편 法(법·법)의 옛 글자인 灋(법·법)에서도 법의 이념을 찾아 볼 수 있다. 이 灋이란 한자를 풀어쓰면 廌+水+去가 되는데 이는 각각 정의, 형평성, 강제력을 의미하여 법의 이념을 함축적으로 표현한 것이라 하겠다.

III. 법의 종류

1. 성문법과 불문법

성문법(成文法)이란 문자로 표현되고 문서의 형식을 갖춘 법을 의미한다. 이에는 입법기관이 소정의 절차에 따라서 제정하는 법률이 있으며, 법률로부터 권한을 위임받아 행정기관이나 지방자치단체가 제정하는 명령, 조례, 규칙 등도 이에 속한다. 이에 반하여 불문법(不文法)이란 문서의 형식으로 표현되지 않은 법으로 일정한 제정 절차를 거치지 않고 존재하는 법을 의미하는데, 그 예로 관습법과 판례법을 들 수 있다.

성문법 국가 또는 불문법 국가라는 말이 쓰이고 있는데, 이는 각각 성문법 우선적용 국가, 불문법 우선적용 국가라고 해야 올바른 표현이다. 성문법 우선적용 국가에는 대륙법계의 국가들이 있으며, 불문법 우선적용 국가에는 영미법계의 국가들이 있다.

| 관련판례 |

신행정수도의 건설을 위한 특별조치법 위헌확인

우리나라는 성문헌법을 가진 나라로서 기본적으로 우리 헌법전이 헌법의 법원이 된다. 그러나 성문헌법이라고 하여도 그 속에 모든 헌법사항을 빠짐없이 완전히 규율하는 것은 불가능하고 또한 헌법은 국가의 기본법으로서 간결성과 함축성을 추구하기 때문에 형식적 헌법전에는 기재되지 아니한 사항이라도 이를 불문헌법 내지 관습헌법으로 인정할 소지가 있다. 특히 헌법제정 당시 자명하거나 전제된 사항 및 보편적 헌법원리와 같은 것은 반드시 명문을 두지 아니하는 경우도 있다. 그렇다고 해서 헌법사항에 관하여 형성되는 관행 내지 관례가 전부 관습헌법이 되는 것은 아니고 강제력이 있는 헌법규범으로 인정되려면 엄격한 요건들이 충족되어야만 하며, 이러한 요건이 충족된 관습만이 관습헌법으로서 성문의 헌법과 동일한 법적 효력을 가진다.

어느 법규범이 관습헌법으로 인정된다면 그 개정가능성을 가지게 된다. 관습헌법도 헌법의 일부로서 성문헌법의 경우와 동일한 효력을 가지기 때문에 그 법규범은 최소한 헌법 제130조에 의거한 헌법개정의 방법에 의하여만 개정될 수 있다. 따라서 재적의원 3분의2 이상의 찬성에 의한 국회의 의결을 얻은 다음(헌법 제130조 제1항) 국민투표에 붙여 국회의원 선거권자 과반수의 투표와 투표자 과반수의 찬성을 얻어야 한다(헌법 제139조 제3항). 다만 이 경우 관습헌법규범은 헌법전에 그에 상반하는 법규범을 첨가함에 의하여 폐지하게 되는 점에서, 헌법전으로부터 관계되는 헌법조항을 삭제함으로써 폐지되는 성문헌법규범과는 구분된다. 한편 이러한 형식적인 헌법개정 외에도, 관습헌법은 그것을 지탱하고 있는 국민적 합의성을 상실함에 의하여 법적 효력을 상실할 수 있다. 관습헌법은 주권자인 국민에 의하여 유효한 헌법규범으로 인정되는 동안에만 존속하는 것이며, 관습

> 법의 존속요건의 하나인 국민적 합의성이 소멸되면 관습헌법으로서의 법적 효력도 상실하게 된다. 관습헌법의 요건들은 그 성립의 요건일 뿐만 아니라 효력 유지의 요건이다(헌재 2004.10.21, 2004헌마554).

2. 공법, 사법, 사회법

역사적으로 법은 공법과 사법으로 구분된 상태에서 발달해 왔다. 공법(公法)이란 개인과 국가 간 또는 국가기관과 국가기관 간의 공적인 생활관계를 규율하는 법규범이다. 형법이 가장 오래된 공법이며, 헌법과 행정법, 소송법 등이 공법에 속한다. 사법(私法)은 개인 상호간의 권리 · 의무 관계를 규율하는 법 규범이다. 사법에는 민법과 상법이 있다. 민법은 재산과 가족에 대해 일반적인 규율을 한다고 하여 일반사법이라 하며, 상법은 상거래 등 특수한 거래에 적용된다고 하여 특별사법이라 한다.

사회법(社會法)은 사법의 영역인 개인 간의 관계에 국가가 개입하는 법 또는 사회 공공적 이익을 실현하기 위한 법 규범이다. 즉 사회법은 기본적으로는 사법의 영역에 속하는 것이지만 자본주의의 폐해를 극복하고자 국가가 간섭하게 된 규범이라 하겠다. 사회법에는 노동 관계법, 경제 통제법, 사회보장에 관한 법 등이 있다.

3. 실체법과 절차법

실체법(實體法)이란 법률관계의 실체에 관한 법을 의미한다. 즉 권리와 의무의 성질, 내용, 발생, 변경, 소멸 등을 규정한 법이다. 이에는 헌법, 민법, 형법, 상법, 행정법 등이 속한다. 절차법(節次法)이란 실체법에 규정된 권리와 의무의 내용을 실행하기 위한 절차를 규정한 법을 의미한다. 이에는 민사소송법, 형사소송법 등이 속한다.

절차법이 없으면 실체법의 실현이 어렵고, 실체법에 그 내용의 정함이 없으면 절차법은 의미가 없다. 또한 실체법과 절차법이 모순되는 경우도 있는데 이때는 실체법이 우선한다. 따라서 실체법과 절차법은 서로 협력 · 보완할 때 실효성이 있다.

여기서 주의할 것은 행정법은 민법이나 형법, 상법 등 다른 단행법과는 다르게 단일한 법률로써 규정되어 있지 않다. 즉 행정법은 여러 개의 개별 법률로 규정되어 있는 것이 그 특징이다.

<요 약>

1. 법의 의미

법은 국가권력에 의해 강제되는 사회규범으로, 사람들이 지켜야 할 규칙이며 사회 구성원들이 지켜야 하는 공동생활의 기준

2. 법의 이념(또는 법의 목적)

법이 추구하는 사명 / 정의 · 합목적성 · 법적 안정성

3. 성문법과 불문법

- 성문법 : 문자로 표현되고 문서의 형식을 갖춘 법
- 불문법 : 문서의 형식으로 표현되지 않은 법으로 일정한 제정 절차를 거치지 않고 존재하는 법

4. 공법과 사법

- 공법 : 개인과 국가 간 또는 국가기관과 국가기관 간의 공적인 생활관계를 규율하는 법
- 사법 : 개인 상호간의 권리 · 의무 관계를 규율하는 법

5. 실체법과 절차법

- 실체법 : 법률관계의 실체에 관한 법. 즉 권리와 의무의 성질, 내용, 발생, 변경, 소멸 등을 규정한 법
- 절차법 : 실체법에 규정된 권리와 의무의 내용을 실행하기 위한 절차를 규정한 법

제 2 장

헌법의 기본원리와 기본권의 이해

Ⅰ. 헌법의 의미와 기능
Ⅱ. 우리나라 헌법의 기본원리
Ⅲ. 기본권의 보장과 제한

제2장 헌법의 기본원리와 기본권의 이해

Ⅰ. 헌법의 의미와 기능

헌법이란 보는 관점에 따라 다양하게 규정될 수 있지만, 국가라는 공동체의 통치 조직과 통치 작용의 원리를 규정하고, 국민의 기본권을 확인하고 보장하는 기본법이자 근본법이라는 의미를 갖고 있다는 것은 분명하다. 헌법은 국가를 만드는 과정에서 국민과 국가의 합의를 담은 문서로 한 국가의 법체계에서 가장 상위에 있는 최고 법규범이다. 그러므로 모든 법령의 제정 근거인 동시에 정당성을 판단하는 기준이 된다.

헌법의 기능을 크게 둘로 나눈다면 정치적 기능과 규범적 기능으로 나눌 수 있다. 정치적 기능으로는 국가 구성적 기능, 국민적 합의기능, 공동체의 안정과 평화유지기능, 국민통합기능, 정치과정합리화기능 등이 있고, 규범적 기능으로는 법질서창설기능, 기본권보장기능, 권력통제기능 등이 있다.

Ⅱ. 우리나라 헌법의 기본원리

1. 국민주권의 원리

국민주권의 원리란 국가적 의사를 전반적이고 최종적으로 결정할 수 있는 주권이 국민에게 있다는 것과 모든 국가권력의 근거가 국민에게 있다는 것을 내용으로 하는 민주국가적 헌법원리이다. 우리 헌법은 그 전문에서 '국민투표에 의하여'라고 하여 국민을 헌법 제·개정의 주체로 규정하고 있으며, 제1조 제2항 전단에서는 "대한민국의 주권은 국민에게 있고"라고 하여 국민 주권의 원리를 분명히 하고 있다.

우리 헌법은 국민주권의 원리를 실현하기 위한 방안으로 간접민주제를 원칙으로 직접민주제를 가미하고 있으며, 정치적 기본권보장, 정당제도, 직업공무원제 등을 들 수 있다. 여기서 정치적 기본권에는 공무원선거권과 공무담임권을 비롯한 언론·출판·집회·결사의 자유, 청원권 등을 규정하고 있다.

2. 자유민주주의

자유민주주의란 자유주의와 민주주의가 결합된 정치원리이다. 자유주의란 국가권력의 간섭을 배제하고 개인의 자유와 자율을 보장하고 존중한다는 이데올로기를 말한다. 또 민주주의란 국민에 의한 지배 또는 국가권력의 창설과 행사의 최종적 정당성의 근거가 국민에게 있어야 한다는 원리이다.

우리 헌법은 자유민주의와 관련하여 전문에서 '자유민주적 기본질서를 더욱 확고히 하여'라고 하고 있으며, 제4조에서는 "대한민국은 …자유민주적 기본질서에 입각한 평화적 통일정책을 수립하고 이를 추진한다"라고 하였으며, 제8조 제4항에서는 "정당의 목적이나 활동이 민주적 기본질서에 위배될 때에는 …해산된다"라고 하여, 자유민주주의가 헌법의 기본원리임을 분명히 하고 있다.

우리 헌법은 자유민주주의를 실현하기 위하여 기본적 인권의 존중, 권력분립의 원리, 의회제도, 복수정당제도, 민주적 선거제도, 사유재산제와 시장경제를 근간으로 하는 경제질서, 사법권의 독립 등을 규정하고 있다.

3. 사회국가의 원리

흔히 복지국가의 원리라고도 하는 사회국가의 원리는 사회정의를 실현하기 위하여 법치국가적 방법으로 모든 국민의 복지를 실현하려는 적극적인 국가적 책임의 원리를 말한다.

우리 헌법은 전문에서 "모든 영역에서 각인의 기회를 균등히 하고 …안으로는 국민생활의 균등한 향상을 기하고"라고 하고 있으며, 제10조 1문에서는"모든 국민은 인간으로서의 존엄과 가치를 가지며, 행복을 추구할 권리를 가진다", 제34조 제1항에서는 "모든 국민은 인간다운 생활을 할 권리를 가진다", 제119조 제2항에서는 "국가는 균형있는 국민경제의 성장 및 안정과 적정한 소득의 분배를 유지하고, 시장의 지배와 경제력의 남용을 방지하며, 경제주체간의 조화를 통한 경제의 민주화를 위하여 경제에 관한 규제와 조정을 할 수 있다"라고 하여, 사회국가의 원리를 헌법의 기본원리임을 밝히고 있다.

우리 헌법은 사회국가의 원리를 실현하기 위하여 인간다운 생활권을 비롯한 사회적 기본권의 보장, 재산권의 사회적 구속성의 강조, 경제에 관한 규제와 조정 등을 규정하고 있다.

4. 평화국가의 원리

평화국가의 원리란 국제질서를 존중하고, 국제적 차원에서 평화공존 · 국제분쟁의 평화적 해결 · 각 민족국가의 자결권존중 · 국내문제 불간섭 등을 내용으로 하는 국제 평화주의를 국가의 목적으로 하는 것을 말한다.

우리 헌법은 전문에서 "밖으로는 항구적인 세계평화와 인류공영에 이바지함으로써"라고 하고 있으며, 제5조 제1항에서는 "대한민국은 국제평화의 유지에 노력하고 침략적 전쟁을 부인한다"라고 하여 대외적으로 평화국가의 원리를 선언하고 있다.

우리 헌법은 평화국가의 원리를 실현하기 위하여 침략적 전쟁의 부인, 조약과 국제 관습법 등의 국제법 존중, 상호주의에 따른 외국인의 지위 보장 등에 관하여 규정하고 있다.

5. 평화 통일 지향

평화 통일을 지향한다는 것은 자유민주적 기본질서에 입각한 평화적 통일을 추구한다는 것이다.

우리 헌법은 전문에서 '평화적 통일의 사명에 입각하여'라고 하고 있으며, 제4조에서는 "대한민국은 통일을 지향하며, 자유민주적 기본질서에 입각한 평화적 통일정책을 수립하고 이를 추진한다"라고 규정하여 평화 통일을 지향하고 있음을 밝히고 있다.

우리 헌법은 평화 통일을 지향하는 실천 방안으로 평화적 통일정책의 수립과 실천, 대통령에게 조국의 평화적 통일을 위한 의무 부과, 민주평화통일자문회의 설치 등에 관하여 규정하고 있다.

6. 문화국가의 원리

문화국가의 원리라 함은 국가로부터 문화의 자유가 보장되고 국가가 문화를 보호 지원하는 원리를 말한다.

우리 헌법은 전문에서 "문화의 …영역에 있어서 각인의 기회를 균등히 하고", 제9조에서는 "국가는 전통문화의 계승 · 발전과 민족문화의 창달에 노력하여야 한다"라고 하여 문화국가의 원리가 헌법의 원리임을 밝히고 있다.

우리 헌법은 문화국가의 원리를 실현하기 위하여 인간으로서의 존엄성존중과 인간다운 생활의 보장, 전통문화의 진흥, 종교 · 학문 · 예술 활동의 자유보장, 교육을 받을 권리와 교육제도 등에 관하여 규정하고 있다.

7. 법치국가의 원리

법치국가의 원리는 모든 민주국가에서 헌법적 원리로 인식하고 있지만, 다의적 개념으로 인하여 그 개념규정이 동일하지 않다. 그러나 법치국가란 일반적으로 사람이나 폭력이 지배하는 국가가 아니라 법이 지배하는 국가를 일컫는다. 따라서 법치국가의 원리란 모든 국가적 활동과 국가공동체적 생활이 국민의 대표기관인 의회가 제정한 법률에 따라 이루어져야 한다는 헌법원리라 하겠다.

우리 헌법은 법치국가의 원리에 관한 명문의 규정을 두고 있지 않지만 여러 헌법조항이 법치국가의 구성요소와 그 실현방안을 규정하고 있다. 즉 우리 헌법은 성문헌법주의, 기본권과 적법절차의 보장, 권력분립의 확립, 위헌법률심사제의 채택, 포괄적 위임입법의 금지, 행정의 헌법 · 법률 합치성과 사법적 통제, 공권력행사의 예측가능성의 보장과 신뢰보호의 원칙 등을 규정함으로써 법치국가의 구성요소와 그 실현방안을 밝히고 있다.

Ⅲ. 기본권의 보장과 제한

1. 기본권의 의미

기본권이란 헌법이 보장하는 국민의 기본적 권리를 말한다. 이러한 기본권은 인간이 인간으로서 당연히 누리는 권리인 인권(또는 인간의 권리)과는 구별된다. 또 기본권은 법률에서 규정하여 국민에게 보장하는 권리인 법률상 권리와도 차이가 있다. 헌법개정은 법률개정보다 어렵기 때문에, 헌법이 보장하는 기본권은 법률상 권리보다 더 강력히 보호되는 것이라 하겠다.

국가권력은 국민의 기본권 보장을 목적으로 하고 국민의 기본권 보장을 위한 역할을 수행함으로써 정당성을 갖는다.

한편, 국민은 국가구성원으로서 부담하는 여러 의무가 있다. 그 중에서 특히 헌법이 규정하고 있는 의무를 국민의 기본적 의무(또는 헌법상의 의무 또는 공의무)라 하는데, 이는 기본권에 대응하는 개념이다. 이 국민의 기본의무는 법률에서 국민에게 부과하도록 규정한 법률상 의무와는 차이가 있다.

2. 우리 헌법에서의 기본권 보장

우리 헌법은 제10조에서 "모든 국민은 인간으로서의 존엄과 가치를 가지며, 행복을 추구할 권리를 가진다. 국가는 개인이 가지는 불가침의 기본적 인권을 확인하고 이를 보장할 의무를 진다"라고 하여 기본권의 천부 인권성을 강조하고 있다. 또 제37조 제1항에서는 "국민의 자유와 권리는 헌법에 열거되지 아니한 이유로 경시되지 아니한다"라고 하여 기본권의 천부 인권성을 확인하고 있다.

3. 기본권의 종류

(1) 인간의 존엄과 가치 및 행복추구권

인간의 존엄과 가치는 우리 헌법의 존재 이유이자 헌법의 최고원리이다. 생활영역이 다양화되고 기본권 보장이 확대되고 있다. 또한 행복추구권은 안락하고 풍족한

삶을 추구할 수 있는 권리라 하겠는데, 이러한 행복추구권은 인간으로서의 존엄과 가치를 실현하기 위한 수단으로서의 권리를 의미한다. 우리 헌법재판소는 헌법 제10조를 근거로 헌법에 열거되지 아니한 생명권, 인격권, 휴식권, 수면권, 일조권, 알 권리 등 새로운 기본권을 인정하고 있다.

(2) 평 등 권

평등권이란 합리적인 이유 없이 국가로부터 부당하게 차별대우를 받지 아니하며, 국가에 대하여 평등한 처우를 요구할 수 있는 개인의 권리를 의미한다.

우리 헌법 제11조 제1항에서 "모든 국민은 법 앞에 평등하다. 누구든지 성별·종교 또는 사회적 신분에 의하여 정치적·경제적·사회적·문화적 생활의 모든 영역에 있어서 차별을 받지 아니한다"라고 하여 평등의 원칙과 개인을 위한 주관적 공권으로서 평등권을 규정하고 있다. 또 동조 제2항에서는 사회적 특수계급의 금지, 동조 제3항에서는 영전일대의 원칙을 규정하고 있다.

그 밖에도 교육의 기회균등, 근로관계에 있어서 여성의 차별금지, 혼인과 가족생활에서의 양성의 평등, 선거와 선거운동에 있어서의 평등 등을 규정하여 평등권을 실현할 것을 밝히고 있다.

(3) 자유권적 기본권

자유권적 기본권이란 개인의 자유로운 영역이 국가권력의 간섭이나 침해를 받지 아니할 권리를 말한다.

자유권은 그 성격과 내용을 기준으로 고립된 개인의 자유권과 공동생활을 전제로 한 자유권으로 나뉜다. 전자에는 신체의 자유, 거주·이전의 자유, 직업의 자유, 사생활의 비밀과 자유, 통신의 비밀과 자유, 양심의 자유 등이 있고, 후자에는 언론·출판의 자유, 집회·결사의 자유 등이 있다.

(4) 참 정 권

참정권이란 국민이 주권자로서 국가의 의사형성이나 정책결정 또는 국가기관의 구성과 운영에 참여하는 권리를 말한다. 참정권은 민주주의원리와 밀접한 관련이 있다.

참정권에는 선거권, 공무 담임권, 정당의 자유, 국민 투표권 등이 있다.

(5) 청구권적 기본권

청구권적 기본권이란 국민이 국가에 대하여 일정한 행위를 청구할 수 있는 권리를 말한다. 다른 기본권은 그 자체가 권리의 목적이지만, 청구권은 그 밖의 권리나 이익이 침해되거나 침해당할 우려가 있을 때에 그 구제를 확보하는 기능으로 인하여 기본권보장을 위한 기본권이라고도 한다.

청구권적 기본권에는 청원권, 재판청구권, 형사보상청구권, 국가배상청구권, 범죄피해자구조청구권 등이 있다.

(6) 사회적 기본권

사회적 기본권이란 복지국가(=사회국가)에서 국민이 인간다운 생활을 하기 위하여 국가에 일정한 국가적 급부와 배려를 요구할 수 있는 권리를 말한다.

사회적 기본권에는 인간다운 생활권, 사회보장수급권, 교육을 받을 권리, 근로의 권리, 근로3권(단결권, 단체 교섭권, 단체 행동권), 환경권, 보건권 등이 있다.

4. 국민의 기본적 의무

(1) 국민의 기본적 의무의 의미

국민의 기본적 의무란 국민이 자신의 기본권을 보호하기 위하여 존재하는 국가의 구성원으로서 국가의 구성과 운영을 위하여 부담하는 의무로 특히 헌법이 규정하고 있는 의무를 말한다.

(2) 국민의 기본적 의무의 종류

(가) 납세의 의무

우리 헌법 제38조에서 "모든 국민은 법률이 정하는 바에 의하여 납세의 의무를 진다"라고 하여 국민의 납세의 의무를 규정하고 있다. 여기서 납세라 함은 조세의 납부를 의미한다. 또 조세란 국가재정수입의 주 원천으로서 국가 또는 지방자치단체 등 공권력의 주체가 그 과세권에 의하여 재정조달의 목적으로 반대급부 없이 일반국민으로부터 강제적으로 부과 · 징수하는 과징금을 의미한다(헌재 1991. 11. 25, 91헌가6).

(나) 국방의 의무

우리 헌법 제39조 제1항에서 "모든 국민은 법률이 정하는 바에 의하여 국방의 의무를 진다"라고 하여 국민의 국방의 의무를 규정하고 있다. 또 동조 제2항에서는 "누구든지 병역의무의 이행으로 인하여 불이익한 처우를 받지 아니한다"라고 규정하고 있다. 국방의 의무란 외국의 침략행위로부터 국가의 독립을 유지하고 영토를 보전하기 위하여 부담하는 국가방위의무를 의미한다. 또 병역의무란 병역법에 의한 군복무의무를 의미한다.

(다) 교육을 받게 할 의무

우리 헌법 제31조 제2항에서 "모든 국민은 그 보호하는 자녀에게 적어도 초등교육과 법률이 정하는 교육을 받게 할 의무를 진다"라고 하여 교육을 받게 할 의무를 규정하고 있다. 교육을 받게 할 의무란 친권자 또는 후견인이 그 자녀로 하여금 초등교육과 법률이 정하는 교육을 받도록 취학시킬 의무를 의미한다.

(라) 근로의 의무

우리 헌법 제32조 제2항에서 "모든 국민은 근로의 의무를 진다. 국가는 근로의 의무의 내용과 조건을 민주주의원칙에 따라 법률로 정한다"라고 하여 근로의 의무를 규정하고 있다.

(마) 환경보전의 의무

우리 헌법 제35조 제1항 후단에서 "국민은 환경보전을 위하여 노력하여야 한다"라고 하여 환경보전의 의무를 규정하고 있다. 이 환경보전의 의무는 전인류의 의무이다.

(바) 재산권행사의 사회적 구속성

우리 헌법 제23조 제2항에서 "재산권의 행사는 공공복리에 적합하도록 하여야 한다"라고 하여 재산권행사의 사회적 구속성을 규정하고 있다.

5. 기본권의 제한과 구제

(1) 기본권의 제한

우리 헌법 제37조 제2항에서 "국민의 모든 자유와 권리는 국가안전보장 · 질서유지 또는 공공복리를 위하여 필요한 경우에 한하여 법률로써 제한할 수 있으며, 제한하는 경우에도 자유와 권리의 본질적인 내용을 침해할 수 없다"라고 규정하여 기본권 제한의 요건과 그 한계를 밝히고 있다.

따라서 국가가 국민의 기본권을 제한하려면 국가안전보장 · 질서유지 · 공공복리라는 목적을 위해서만 제한하여야 하고, 국민의 대표기관인 국회가 제정한 법률에 의해서 제한하여야 한다. 또한 기본권을 제한할 때는 정당한 목적을 달성하는 데 필요한 범위 안에서만 행사하여야 한다. 더욱 중요한 것은 그 제한으로 자유와 권리의 본질적인 내용을 침해해서는 안 된다. 즉 개별 기본권이 그 기능을 상실하게 될 정도로 본질적인 내용을 침해할 수 없다.

(2) 기본권의 침해와 구제

기본권의 침해는 국가기관에 의한 침해와 사인에 의한 침해로 나눌 수 있다. 전자는 다시 국회 · 행정기관 · 법원에 의한 침해로 나눌 수 있다.

국회가 기본권을 침해하는 법률을 제 · 개정하면 국민은 위헌법률심판과 헌법소원을 통하여 구제받을 수 있다. 또 행정기관이 기본권을 침해하는 행정작용(행정처분과 행정부작위)에 대해서는 청원, 행정심판, 행정소송 등을 통하여 구제받을 수 있다. 또한 형사보상제도나 행정상의 손해배상제도를 통해서도 구제받을 수 있다. 그리고 법원에 의하여 기본권이 침해되면 상소 · 재심 · 비상상고 등을 통해 구제받을 수 있다.

사인 상호간에 불법행위에 의하여 개인의 기본권을 침해하는 행위는 범죄로서 형사적 제재를 받게 된다. 또 민사상 손해배상과 위자료 등의 책임을 진다.

<요 약>

1. 헌법의 의미와 기능

- 헌법의 의미 : 국가라는 공동체의 통치 조직과 통치 작용의 원리를 규정하고, 국민의 기본권을 확인하고 보장하는 국가의 기본법이자 근본법
- 헌법의 기능

① 정치적 기능 : 국가 구성적 기능, 국민적 합의기능, 공동체의 안정과 평화유지기능, 국민통합기능, 정치과정합리화기능 등

② 규범적 기능 : 법질서창설기능, 기본권보장기능, 권력통제기능 등

2. 우리나라 헌법의 기본원리

① 국민주권의 원리
② 자유민주주의
③ 사회국가의 원리
④ 평화국가의 원리
⑤ 평화 통일 지향
⑥ 문화국가의 원리
⑦ 법치국가의 원리

3. 기본권의 보장과 제한

- 기본권의 의미 : 헌법이 보장하는 국민의 기본적 권리
- 우리 헌법에서의 기본권 보장

① 기본권의 종류 : 인간의 존엄과 가치 및 행복추구권, 평등권, 자유권적 기본권, 참정권, 청구권적 기본권, 사회적 기본권

② 국민의 기본적 의무 : 납세의 의무, 국방의 의무, 교육을 받게 할 의무, 근로의 의무, 환경보전의 의무, 재산권 행사의 사회적 구속성

- 기본권의 제한 : 국민의 모든 자유와 권리는 국가안전보장, 질서유지 또는 공공복리를 위하여 필요한 경우에 한하여 법률로써 제한할 수 있으며, 제한하는 경우에도 자유와 권리의 본질적인 내용을 침해할 수 없다(헌법 제37조 제2항).

- 기본권의 침해와 구제

① 국가기관의 침해에 대한 구제 : 국회에 의한 침해에 대하여는 위헌법률심판과 헌법소원, 행정기관의 침해에 대하여는 청원 · 행정심판 · 행정소송 · 형사보상 · 손해배상, 법원의 침해에 대하여는 상소 · 재심 · 비상상고

② 사인의 침해에 대한 구제 : 범죄에 의한 경우에는 형사적 제재, 민사상의 경우에는 손해배상과 위자료

제 3 장

자연인 · 법인 · 물건에 대한 이해

제3장 자연인 · 법인 · 물건에 대한 이해

Ⅰ. 자 연 인

1. 자연인의 권리능력

우리 민법 제3조는 "사람은 생존한 동안 권리와 의무의 주체가 된다"고 규정하고 있다. 이것은 모든 사람은 살아있는 동안 즉 출생한 때부터 사망한 때까지 성별 · 연령 · 직업 등을 묻지 않고 평등하게 권리능력을 갖는다는 의미이다.

2. 권리능력의 발생 - 출생

사람이 권리능력을 갖게 되는 것은 출생인데, 출생의 시기(始期)에 관해서는 비교적 명확하게 확정할 수 있는 전부노출설(태아가 모체로부터 전부 노출한 때를 출생으로 보는 것)을 따른다. 그러나 형법에서는 출생의 시기와 관련하여 진통설을 따른다. 출생의 사실은 가족관계의 등록 등에 관한 법률에 따라 1개월 내에 신고하여야 한다.

3. 권리능력의 소멸 - 사망

사람이 권리능력을 잃게 되는 것은 사망인데, 통설은 사람의 호흡과 심장의 기능이 영구적으로 멈춘 때에 사망으로 본다. 그리고 사망의 입증곤란을 구제하기 위한 제도로 동시사망의 추정 · 인정사망 · 실종선고가 있다.

4. 태아의 권리능력

태아란 모체 내에 있는 장차 자연인으로 출생할 것을 기대할 수 있는 생명체이다. 태아는 권리능력이 없는데 이 원칙을 관철하면 법률관계는 명료해지나 구체적 타당성이 없다. 그리하여 태아를 보호하기 위한 법규가 필요하다. 태아보호에 관한 입법주의로 일반적 보호주의와 개별적 보호주의가 있는데 우리나라는 개별적 보호주의에 따르고 있다. 현행 민법상 불법행위에 기한 손해배상청구 · 상속 · 유증 · 인지에 대하여 태아의 권리능력을 인정하고 있다.

5. 미성년자

(1) 미성년자의 의의

우리 민법은 제4조에서 "사람은 19세로 성년에 이르게 된다"라고 규정하고 있으므로, 미성년자란 19세에 달하지 않은 자를 의미한다. 사람의 정신능력은 개인적인 차이가 있어 이를 토대로 개별적으로 성년기를 정한다면 거래의 안전을 해치고 법률관계도 복잡하게 되기 때문에 민법은 19세를 기준으로 행위능력의 유무를 정한 것이다.

| 보충 1 |

1. 기간(期間)(민법 제155 ~ 161조)

(1) 기간의 의의: 어느 시점에서 어느 시점까지의 계속된 시간

(2) 기간의 계산방법 중 역법적 계산법

(가) 원칙 - 초일불산입(初日不算入: 기간의 첫날을 기간 산정에 포함하지 않는 것)

민법 제157조 전문에 의하면 기간을 일 · 주 · 월 또는 년으로 정한 때에는 기간의 첫날을 산입하지 않는다.

(나) 예외 - 초일산입(初日算入: 기간의 첫날을 기간 산정에 포함하는 것)

① 기간이 오전 0시부터 시작하는 때 : 민법 제157조 후문에 의하면 기간이 오전 영시로부터 시작하는 때에는 첫날을 산입한다.

② 연령의 계산 : 민법 제158조에 의해서 연령을 계산할 때에는 출생일을 산입한다.

2. 연령 관련 각종 법규정

1) 공직선거법 제15조 제1항 "18세 이상의 국민은 대통령 및 국회의원의 선거권이 있다. 다만, 지역구국회의원의 선거권은 18세 이상의 국민으로서 제37조 제1항에 따른 선거인명부작성기준일 현재 다음 각 호의 어느 하나에 해당하는 사람에 한하여 인정된다."

2) 공직선거법 제16조 제1항 "선거일 현재 5년 이상 국내에 거주하고 있는 40세 이상의 국민은 대통령의 피선거권이 있다. 이 경우 공무로 외국에 파견된 기간과 국내에 주소를 두고 일정기간 외국에 체류한 기간은 국내거주기간으로 본다."

3) 공직선거법 제16조 제2항 "18세 이상의 국민은 국회의원의 피선거권이 있다."

4) 국민투표법 제7조 "19세 이상의 국민은 투표권이 있다."

5) 정당법 제22조 제1항 "16세 이상의 국민은 공무원 그 밖에 그 신분을 이유로 정당가입이나 정치활동을 금지하는 다른 법령의 규정에 불구하고 누구든지 정당의 발기인 및 당원이 될 수 있다. 다만, 다음 각 호의 어느 하나에 해당하는 자는 그러하지 아니하다."

6) 민법 제807조 "만 18세가 된 사람은 혼인할 수 있다."

7) 민법 제1061조 "만17세에 달하지 못한 자는 유언을 하지 못한다."

8) 형법 제9조 "14세되지 아니한 자의 행위는 벌하지 아니한다."

9) 소년법 제2조 "이 법에서 "소년"이란 19세 미만인 자를 말하며, "보호자"란 법률상 감호교육을 할 의무가 있는 자 또는 현재 감호하는 자를 말한다."

10) 청소년 보호법 제2조 제1호 "청소년"이란 만 19세 미만인 사람을 말한다. 다만, 만 19세가 되는 해의 1월 1일을 맞이한 사람은 제외한다."

(2) 미성년자의 행위능력

미성년자가 법률행위를 함에는 법정대리인의 동의를 얻어야 한다(민법 제5조 제1항). 법정대리인의 동의가 없는 미성년자의 법률행위는 취소할 수 있는데(민법 제5조 제2항), 이 경우 취소권자는 법정대리인과 미성년자이다. 그러나 권리만을 얻거나 의무만을 면하는 행위나(민법 제5조 제1항), 범위를 정하여 처분이 허락된 재산의 처분행위는(민법 제6조) 취소할 수 없다. 여기서 범위는 사용목적은 매우 주관적이기 때문에 재산의 범위를 말한다. 그 외에도 영업이 허락된 미성년자의 그 영업에 관한 행위(민법 제8조 제1항), 대리행위, 17세에 달한 미성년자의 유언행위 등은 취소할 수 없다.

(3) 미성년자의 법정대리인

미성년자의 법정대리인은 1차로 친권자이고(민법 제911조), 친권자가 없는 때에는 2차로 후견인이 법정대리인이 된다(민법 제938조). 미성년자의 법정대리인은 미성년자가 한 법률행위의 동의권 및 그 취소권, 미성년자의 재산상의 법률행위에 대한 대리권, 미성년자가 동의를 받지 않고서 한 법률행위의 취소권 및 그 추인권이 있다.

II. 법 인

1. 법인의 의의

법인이란 자연인 이외의 것으로 법인격 즉 권리능력이 인정되어 권리 · 의무의 주체가 될 수 있는 것을 말한다.

민법상 법인으로 인정될 수 있는 단체로는 사단(社團)과 재단(財團)이 있다. 여기서 사단이라 함은 일정한 목적 아래에 그 구성원인 사원을 중심으로 이루어진 단체를 말하고, 재단이란 일정한 목적에 바쳐진 재산을 개인 소유가 아닌 독립된 것으로 운영하기 위한 실체를 말한다. 이러한 사단이나 재단에 법인격이 부여되면 사단법인이나 재단법인이 되는 것이다.

또 법인은 영리법인과 비영리법인으로 나눌 수 있는데, 민법은 비영리법인으로서 비영리사단법인과 비영리재단법인의 두 가지만을 인정하고 있다.

2. 비영리사단법인의 설립

(1) 설립목적의 비영리성

비영리법인은 학술, 종교, 자선, 기예, 사교 기타 영리 아닌 사업을 목적으로 한다(민법 제32조). 즉 설립목적은 공익사업이 아니라도 비영리이기만 하면 된다.

(2) 정관의 작성

사단법인의 설립행위로서의 정관에는 그 설립에 관한 일정한 사항을 기재하여야 한다. 특히 민법 제40조의 필요적 기재사항을 하나라도 빠지면 정관으로서 효력이 생기지 않는다.

(3) 주무관청의 허가

주무관청이란 법인이 목적으로 하는 사항을 관할하는 중앙행정관청을 말한다. 주무관청의 허가 여부는 행정관청의 자유재량에 속하여, 허가를 얻지 못하더라도 행정소송으로 다툴 수 없다.

| 관련판례 |

비영리법인 설립허가의 성질과 주무관청의 재량의 정도에 관한 판례

민법은 제31조에서 "법인은 법률의 규정에 의함이 아니면 성립하지 못한다."고 규정하여 법인의 자유설립을 부정하고 있고, 제32조에서 "학술, 종교, 자선, 기예, 사교 기타 영리 아닌 사업을 목적으로 하는 사단 또는 재단은 주무관청의 허가를 얻어 이를 법인으로 할 수 있다."고 규정하여 비영리법인의 설립에 관하여 허가주의를 채용하고 있으며, 현행 법령상 비영리법인의 설립허가에 관한 구체적인 기준이 정하여져 있지 아니하므로, 비영리법인의 설립허가를 할 것인지 여부는 주무관청의 정책적 판단에 따른 재량에 맡겨져 있다. 따라서 주무관청의 법인설립 불허가처분에 사실의 기초를 결여하였다든지 또는 사회관념상 현저하게 타당성을 잃었다는 등의 사유가 있지 아니하고, 주무관청이 그와 같은 결론에 이르게 된 판단과정에 일응의 합리성이 있음을 부정할 수 없는 경우에는, 다른 특별한 사정이 없는 한 그 불허가처분에 재량권을 일탈 · 남용한 위법이 있다고 할 수 없다(대법원 1996.9.10, 95누18437).

(4) 설립등기

민법 제33조에 따라 법인은 그 주된 사무소의 소재지에서 설립등기를 하여야 성립된다. 즉 설립등기는 법인격을 취득하기 위한 성립요건이다.

3. 비영리재단법인의 설립

비영리재단법인의 설립에는 목적의 비영리성, 설립행위(재산의 출연, 정관의 작성), 주무관청의 허가, 설립등기라는 요건을 갖추어야 한다. 목적의 비영리성, 주무관청의 허가, 설립등기는 비영리사단법인에서와 같다.

(1) 재산의 출연

재단법인 설립자는 일정한 재산을 출연하여야 한다(민법 제43조). 재산의 종류는 묻지 않고 확실한 것이면 채권도 출연재산이 될 수 있다.

(2) 정관의 작성 및 보충

재단법인의 설립자는 일정한 사항을 기재한 정관을 작성하여 기명날인하여야 한다(민법 제43조). 사단법인의 필요적 기재사항인 '사원자격의 득실에 관한 규정'과 '법인의 존립시기나 해산사유'는 재단법인에서는 필요적 기재사항이 아니다(민법 제43조).

민법 제44조는 "재단법인의 설립자가 그 명칭, 사무소소재지 또는 이사임면의 방법을 정하지 아니하고 사망한 때에는 이해관계인 또는 검사의 청구에 의하여 법원이 이를 정한다"라고 규정하고 있는데, 이것은 재단법인의 설립자가 필요적 기재사항 중 가장 중요한 목적과 자산만을 정하고 나머지 비교적 경미한 사항을 정하지 아니하고 사망한 경우에 정관을 보충하여 재단법인을 성립시키려는 취지이다.

4. 법인의 소멸

법인의 소멸이란 법인이 권리능력을 상실하는 것을 의미하는 것으로, 자연인의 사망에 해당한다. 법인의 소멸은 해산에 의해 본래의 활동을 정지하고, 청산절차를 거쳐, 청산이 종료된 때이다.

| 관련판례 |

청산종결등기가 경료 되었으나 청산사무가 남아 있는 청산법인의 당사자능력 유무에 관한 판례

법인에 관하여 청산종결등기가 경료된 경우에도 청산사무가 종료되었다고 할 수 없는 경우에는 청산법인으로서 당사자능력이 있다(대법원 1997.4.22, 97다3408 판결).

Ⅲ. 물 건

1. 물건의 의의 및 요건

(1) 물건의 의의

민법 제98조는 "본법에서 물건이라 함은 유체물 및 전기 기타 관리할 수 있는 자연력을 말한다"라고 물건의 정의를 규정하고 있다. 물건은 권리의 객체의 하나인데, 민법은 권리의 객체 전부에 관한 일반적 규정을 두지 않고 물건에 관하여서만 규정을 하고 있는 것이다.

| 보충 2 |

유권해석

유권해석이란 국가기관에 의해 행하여지는 구속력 있는 법의 해석을 말한다.

1. 입법해석

입법해석이란 민법 제18조 "생활의 근거되는 곳을 주소로 한다." 또는 민법 제98조 "본법에서 물건이라 함은 유체물 및 전기 기타 관리할 수 있는 자연력을 말한다."와 같이 입법 자체에 의한 해석을 말하는 것으로 법규해석이라고도 한다.

2. 행정해석

행정해석이란 행정관청에 의해 행하여지는 해석으로, 법의 집행을 통해 구체적으로 행하여지는 수도 있다. 법의 적용 여부나 일정 행위에 대한 법률위반의 불확실성을 제거하기 위하여 행해지는 경우가 많으며, 상급관청의 하급관청에 대한 회답 · 훈령 · 통첩 등의 형식으로 일반적 · 추상적으로 행하여지기도 한다. 행정해석상에는 유효하여 그 행정해석을 내린 기관은 구속하지만, 최종적인 구속력을 가지는 것은 아니므로, 법원에서 해석이 변경될 수 있다.

3. 사법해석

사법해석이란 법원, 특히 대법원에 의해 행하여지는 해석으로 판결 속에 나타나므로 재판해석이라고도 한다. 구체적 쟁송의 해결을 목적으로 추상적인 법규범의 객관적 의미를 파악하는데 중점을 두기 때문에, 구체적이고 특정한 법적 분쟁에 대한 해석이라 할 수 있으며, 이는 최종적인 구속력을 가진다.

(2) 물건의 요건

(가) 유체물 또는 관리가능한 자연력일 것

(나) 관리가 가능할 것

유체물이든 무체물이든 물건은 관리할 수 있어야 한다. 즉 배타적 지배를 할 수 있는 것이어야 한다.

(다) 외계의 일부일 것

물건은 살아 있는 사람이 아닌 외계의 일부이어야 한다. 신체에 대한 소유권은 성립하지 않으며, 의치 · 의안 · 의수 · 의족도 신체에 고착하고 있는 한은 신체의 일부이다.

(라) 독립한 물건일 것

물건의 독립성의 유무는 사회통념이나 거래관념에 따라 결정된다.

2. 물건의 종류

(1) 부동산과 동산

부동산은 토지 및 그 정착물이다(민법 제99조 제1항). 다른 나라에서는 토지만을 부동산으로 하고 있으나, 우리 민법은 토지뿐만 아니라 그 토지의 정착물도 독립한 부동산으로 하고 있다. 토지에서 독립된 별개의 부동산으로 다루어지는 정착물로는 건물, '입목에 관한 법률'에 의하여 소유권 보존등기를 한 입목(立木), 명인방법을 갖춘 수목의 집단 · 미분리의 과실 등이 있다.

부동산 이외의 물건은 동산이다(민법 제99조 제2항). 토지에 부착되어 있는 물건이라도 정작물이 아니면 동산이며, 전기 기타 관리할 수 있는 자연력도 동산이다.

(2) 주물과 종물

물건의 소유자가 그 물건의 일상적인 사용에 제공하기 위하여 자기 소유인 다른 물건을 이에 부속하게 한 경우, 본래의 물건을 주물이라 하고, 주물에 부속된 물건을 종물이라 한다. 종물은 주물의 처분에 따른다(민법 제100조 제2항). 그러나 이 규정은 임의규정이기 때문에 종물만을 따로 처분할 수도 있다.

(3) 원물과 과실

물건으로부터 생기는 경제적 수익을 과실이라 하고, 과실을 낳게 하는 물건을 원물이라 한다. 과실에는 천연과실과 법정과실이 있다.

천연과실은 물건의 용법에 의하여 수취되는 산출물을 말한다(민법 제101조 제1항). 유기적으로 생산되는 물건(과수의 열매, 우유, 양모, 가축의 새끼 등)은 물론이고, 무기적으로 생산되는 물건(광물, 석재, 토사 등)도 천연과실이다. 천연과실은 그 원물로부터 분리하는 때에 이를 수취할 권리자에게 속한다(민법 제102조 제2항).

법정과실은 물건의 사용대가로 받는 금전 기타의 물건을 말한다(민법 제101조 제2항). 집세 · 지료 · 이자 등이 법정과실이다.

| 관련판례 1 |

지연이자의 법적 성질에 관한 판례

변제기 이후에 지급하는 지연이자는 금전채무의 이행을 지체함으로 인한 손해배상금이지 이자가 아니다(대법원 1989.2.28, 88다카214 판결).

| 관련판례 2 |

국립공원 입장료의 성질에 관한 판례

자연공원법(1995.12.30, 법률 제5122호로 개정된 것) 제26조 및 제33조의 규정

내용과 입법목적을 종합하여 보면, 국립공원의 입장료는 토지의 사용대가라는 민법상 과실이 아니라 수익자 부담의 원칙에 따라 국립공원의 유지 · 관리비용의 일부를 국립공원 입장객에게 부담시키고자 하는 것이어서 토지의 소유권이나 그에 기한 과실수취권과는 아무런 관련이 없다고 할 것이다(대법원 2001.12.28, 2000다27749 판결).

<요 약>

1. 자연인

(1) 자연인 즉 사람은 출생한 때부터 사망한 때까지 평등하게 권리능력을 갖는다.

(2) 태아의 권리능력과 관련하여 우리나라는 개별적 보호주의에 따른다.

불법행위에 기한 손해배상청구 · 상속 · 유증 · 인지 등에 대하여 태아의 권리능력을 인정한다.

(3) 미성년자 : 19세에 달하지 않은 자

① 미성년자가 법률행위를 함에는 법정대리인의 동의를 얻어야 하고, 동의 없는 법률행위는 취소할 수 있다. 이 경우 취소권자는 법정대리인과 미성년자이다.

② 예외 즉 취소할 수 없는 경우 : 권리만을 얻거나 의무만을 면하는 행위, 범위를 정하여 처분이 허락된 재산의 처분행위, 영업이 허락된 미성년자의 그 영업에 관한 행위, 대리행위, 17세에 달한 미성년자의 유언행위 등.

2. 법 인

(1) 법인이란 자연인 이외의 것으로 법인격 즉 권리능력이 인정되어 권리 · 의무의 주체가 될 수 있는 것을 말한다.

(2) 비영리사단법인의 설립 : 목적의 비영리성 → 정관작성 → 주무관청의 허가 → 설립등기

(3) 비영리재단법인의 설립 : 목적의 비영리성 → 재산의 출연 →정관작성 → 주무관청의 허가 → 설립등기

(4) 법인의 소멸 : 법인이 권리능력을 상실하는 것을 의미하는데, 해산을 하면 정산절차를 거쳐 정산절자가 종료되면 비로소 법인은 소멸한다.

3. 물 건

1) 물건이란 유체물 및 전기 기타 관리할 수 있는 자연력을 말한다.

2) 물건의 요건 : ① 유체물 또는 관리할 수 있는 자연력일 것, ② 관리가 가능할 것, ③ 외부의 일부일 것, ④ 독립한 물건일 것

3) 물건의 종류

① 부동산과 동산 : 부동산은 토지 및 그 정착물을 말하고, 동산은 부동산 이외의 물건을 말한다.

② 주물과 종물 : 물건의 소유자가 그 물건의 일상적인 사용에 제공하기 위하여 자기 소유인 다른 물건을 이에 부속하게 한 경우, 본래의 물건을 주물이라 하고, 주물에 부속된 물건을 종물이라 한다.

③ 원물과 과실 : 물건으로부터 생기는 경제적 수익을 과실이라 하고, 과실을 낳게 하는 물건을 원물이라 한다. 과실에는 천연과실과 법정과실이 있다.

제 4 장

친족관계의 이해

Ⅰ. 친　　족
Ⅱ. 가족의 범위
Ⅲ. 자의 성(姓)과 본(本)
Ⅳ. 가족관계등록제도

제4장 친족관계의 이해

Ⅰ. 친　　족

1. 친족의 정의

친족이란 혼인과 혈연으로 맺어진 사람들 사이의 관계를 말하는데, 우리 민법 제767조에서는 "배우자, 혈족 및 인척을 친족으로 한다"라고 규정하고 있다.

배우자란 남녀가 혼인을 하는 경우에 당사자 사이에 서로를 일컫는 말이다. 여기서 혼인은 법률혼을 의미하며 사실혼을 의미하지 않는다.

혈족이란 혈연관계가 있는 친족이다. 친족에는 자연혈족과 법정혈족이 있다. 자연혈족이란 자연적인 혈연관계가 있는 혈족을 말한다. 자연혈족은 다시 직계혈족과 방계혈족으로 나뉜다. 직계혈족은 직계존속과 직계비속의 혈연을 말하고, 방계혈족은 같은 시조에서 갈려나간 혈족 즉 형제자매, 백부모, 숙부모 등을 말한다. 법정혈족이란 사실상의 혈연관계는 없으나 법률상 혈연관계가 있는 것으로 취급되는 혈족으로 현행 민법상 양친자관계(민법 제772조)가 있다.

인척이란 혼인으로 맺어진 친족으로 우리 민법 제769조에 의하면 혈족의 배우자, 배우자의 혈족, 배우자의 혈족의 배우자로 규정하고 있다.

한편 우리 민법 제777조에서는 친족의 범위를 8촌 이내의 혈족, 4촌 이내의 인척, 배우자로 한정하고 있다.

2. 촌수계산법

부부간에는 혈연이 아닌 남남이 만나 이루어진 관계로 촌수가 없다. 직계혈족간에는 촌수를 따지지 아니하며 세(世) 또는 대(代)를 쓴다. 우리 민법도 제770조 제1항에서 "직계혈족은 자기로부터 직계존속에 이르고 자기로부터 직계비속에 이르러 그 세수를 정한다"라고 하여 이를 확인하고 있다.

민법은 제770조 제2항에서 "방계혈족은 자기로부터 동원의 직계존속에 이르는 세간의 수와 그 동원의 직계존속으로부터 다른 직계비속에 이르는 세간의 수를 통산하여 그 촌수를 정한다", 제771조에서 "인척은 배우자의 혈족에 대하여는 배우자의 그 혈족에 대한 촌수에 따르고, 혈족의 배우자에 대하여는 그 혈족에 대한 촌수에 따른다", 제772조 제1항에서 "양자와 양부모 및 그 혈족, 인척 간의 촌수는 입양한 때부터 혼인중의 출생자와 동일한 것으로 본다", 제772조 제2항에서 "양자의 배우자, 직계비속과 그 배우자는 양자의 친계를 기준으로 하여 촌수를 정한다"라고 하여 촌수계산법을 규정하고 있다. 즉 공동시조에서 각자에 이르는 세수를 통산하여 촌수를 계산한다. 예를 들면 형제는 2촌, 숙부 · 외숙부는 3촌, 당숙은 5촌이다.

3. 친족관계의 발생과 소멸

(1) 친족관계의 발생

친족관계의 발생원인에는 혼인 · 출생 · 인지 · 입양이 있다.

(가) 혼 인

혼인으로 인하여 당사자간에 배우자관계가 발생하며, 배우자의 혈족과는 인척관계가 형성된다. 이때 혼인은 법률혼을 의미하며 사실혼관계는 혼인으로 인정되지 않는다.

(나) 출 생

출생으로 자연혈족관계가 발생한다. 그런데 모자관계와 부자관계에는 차이가 있다. 즉 모자관계는 출산이라는 사실에 의하여 발생하는 반면에 혼인중 출생자의 부자관계는 친생추정에 의하여 발생하고 혼인외 출생자의 부자관계는 인지가 있어야 발생한다.

(다) 인　　지

인지란 혼인외의 출생자를 그 생부나 생모가 자기의 자로 인정하는 신분행위이다. 그런데 모자관계는 출산이라는 사실에 의하여 발생하기 때문에 인지가 문제되는 경우는 거의 발생하지 않으며, 부자관계에 관하여 문제가 되는 경우가 일반적이다. 부는 포태중에 있는 자에 대하여도 인지할 수 있다(민법 제858조).

(라) 입　　양

입양은 양친자관계라는 법정혈족관계의 발생원인이다. 입양에는 일반양자입양과 친양자입양이 있다. 일반양자입양에서는 친생부모와의 친자관계가 유지되는데 반하여 친양자입양에서는 친생부모와의 친자관계 및 전의 친족관계가 없어진다.

(2) 친족관계의 소멸

자연혈족관계는 소멸될 수 없으나, 법정혈족관계와 인척관계 및 배우자관계는 소멸될 수 있다.

혼인관계 및 인척관계는 혼인취소나 이혼으로 종료된다. 또 양친자관계는 입양취소나 파양으로 소멸되는데, 요건과 절차 및 효과에 있어서 일반양자의 경우와 친양자의 경우가 크게 다르다.

한편 부부 일방이 사망하더라도 인척관계가 종료되는 것이 아니나, 생존배우자가 재혼하면 종료된다(민법 제775조 제2항).

Ⅱ. 가족의 범위

우리 민법 제779조에서는 가족의 범위에 대하여 규정하고 있는데, 생계를 같이 하지 않아도 가족으로 인정되는 경우와 생계를 같이 해야 가족으로 인정되는 경우로 나누고 있다. 전자에는 배우자, 직계혈족 및 형제자매, 후자에는 직계혈족의 배우자, 배우자의 직계혈족 및 배우자의 형제자매가 있다.

Ⅲ. 자의 성(姓)과 본(本)

성(姓)이란 한 혈통을 잇는 계통을 나타내는 명칭으로 일반적으로 부계혈통을 표시한다. 본(本)은 본관(本貫) 또는 본향(本鄕)이라고도 하는데, 시조가 난 곳의 지명을 표시하는 명칭이다.

예를 들어 전주 이씨(全州 李氏)라 함은 본이 전주이고 성은 이씨라는 것이다.

자는 부의 성과 본을 따른다. 다만, 부모가 혼인신고 시 모의 성과 본을 따르기로 협의한 경우에는 모의 성과 본을 따른다(민법 제781조 제1항).

부가 외국인인 경우에는 자는 모의 성과 본을 따를 수 있으며(민법 제781조 제2항), 부를 알 수 없는 자는 모의 성과 본을 따른다(민법 제781조 제3항).

또 부모를 알 수 없는 자는 법원의 허가를 받아 성과 본을 창설한다. 다만, 성과 본을 창설한 후 부 또는 모를 알게 된 때에는 부 또는 모의 성과 본을 따를 수 있다(민법 제781조 제4항).

한편 혼인 외의 출생자가 인지된 경우 자는 부모의 협의에 따라 종전의 성과 본을 계속 사용할 수 있다. 다만, 부모가 협의할 수 없거나 협의가 이루어지지 아니한 경우에는 자는 법원의 허가를 받아 종전의 성과 본을 계속 사용할 수 있는데(민법 제781조 제5항), 이것은 혼인 외의 출생자가 인지 전에 사용해 오던 모의 성과 본을 인지에 의하여 그 성과 본을 변경하여 발생할 수 있는 여러 혼란과 불편에 대한 배려라 하겠다.

그리고 자의 복리를 위하여 자의 성과 본을 변경할 필요가 있을 때에는 부, 모 또는 자의 청구에 의하여 법원의 허가를 받아 이를 변경할 수 있다. 다만, 자가 미성년자이고 법정대리인이 청구할 수 없는 경우에는 제777조의 규정에 따른 친족 또는 검사가 청구할 수 있다(민법 제781조 제6항). 이를 근거로 재혼가정에서는 계부의 성과 본으로, 이혼가정에서는 모의 성과 본으로 변경하는 경우가 많다.

| 관련판례 1 |

민법 제781조 제6항에 정한 '자의 복리를 위하여 자의성과 본을 변경할 필요가 있을 때'에 해당하는지 여부의 판단 기준 및 방법에 관한 판례

민법 제781조 제6항에 정한 '자의 복리를 위하여 자의 성과 본을 변경할 필요가 있을 때'에 해당하는지 여부는 자의 나이와 성숙도를 감안하여 자 또는 친권자 · 양육자의 의사를 고려하되, 먼저 자의 성 · 본 변경이 이루어지지 아니할 경우에 내부적으로 가족 사이의 정서적 통합에 방해가 되고 대외적으로 가족 구성원에 관련된 편견이나 오해 등으로 학교생활이나 사회생활에서 겪게 되는 불이익의 정도를 심리하고, 다음으로 성·본 변경이 이루어질 경우에 초래되는 정체성의 혼란이나 자와 성·본을 함께 하고 있는 친부나 형제자매 등과의 유대 관계의 단절 및 부양의 중단 등으로 인하여 겪게 되는 불이익의 정도를 심리한 다음, 자의 입장에서 위 두 가지 불이익의 정도를 비교형량하여 자의 행복과 이익에 도움이 되는 쪽으로 판단하여야 한다. 이와 같이 자의 주관적·개인적인 선호의 정도를 넘어 자의 복리를 위하여 성·본의 변경이 필요하다고 판단되고, 범죄를 기도 또는 은폐하거나 법령에 따른 각종 제한을 회피하려는 불순한 의도나 목적이 개입되어 있는 등 성·본 변경권의 남용으로 볼 수 있는 경우가 아니라면, 원칙적으로 성·본 변경을 허가함이 상당하다(대법원 2009.12. 11, 2009스23 결정).

| 관련판례 2 |

갑이 아버지 을과 어머니 병의 이혼 후 병과 함께 생활하였는데, 취업과 결혼을 앞두고 마음의 안정을 갖고 싶다는 이유로 병의 성과 본으로 성·본 변경허가 청구를 한 사안에서, 성·본 변경허가 청구를 인용한 원심결정을 파기한 사례

기록에 의하면, ① 사건본인이 성년(만 22세)일 때 부인 특별항고인과 모인 청구외인이 이혼하여 그 이전까지 사건본인과 특별항고인 사이에는 혈연뿐 아니라 실질적, 사회적으로도 부녀관계로 생활해 왔던 점, ② 부모의 이혼 전이라 하더라도 사건본인은 성년으로서 독자적으로 법원허가를 받아 성·본 변경을 할 수 있었음에도 그대로 부의 성·본을 사용함으로써 사건본인으로서는 부의 성·본을 따르기로 의사결정을 한 것으로 볼 수 있는 점, ③ 사건본인이 이 사건 성·본 변경허가 청구 사유로 들고 있는 사유만으로는 주관적·개인적 선호의 수준을 넘어서 구체적으로 사건본인의 학교생활이나 사회생활 등에 현실적으로 어떠한 어려움이 발생할 것인지 뚜렷하지 아니하고, 이를 확인할 수 있는 자료가 전혀 제출되어 있지 아니하며, 오히려 성·본의 변경이 대학교에 이르기까지 장기간에 사건본인의 학력 및 교우관계 형성에 기초가 되었던 인격의 동일성에 변화를 낳게 되어 대학생활뿐 아니라 이어지는 사회생활에서 커다란 불편 내지 혼란을 주게 되고 타인에게 불필요한 호기심이나 위구심 등을 일으키게 하여 사건본인의 정체성 유지에 영향을 미칠 수 있는 개연성도 상당히 높아 보이는데, 이러한 관련 사정들에 관한 원심의 추가적인 심리도 없었던 점 등을 알 수 있다.

따라서 사건본인의 성·본 변경을 허가할지 여부를 판단함에 있어서는 사건본인의 의사뿐만 아니라 성·본 변경으로 인한 위와 같은 불이익을 함께 고려하여 허가 여부를 신중하게 판단하여야 한다. 그럼에도 원심은 사건본인의 의사에만 주목하여 사건본인의 이 사건 성 · 본 변경허가 청구를 인용하고 말았다. 이 점을 지적하는 취지의 특별항고이유 주장은 이유 있다(대법원 2016.1. 26, 자 2014으4 결정).

관련판례 3

조부모에 의한 미성년 손자녀 입양의 허가 여부를 판단하는 기준 및 이때 법원이 고려하여야 할 요소에 관한 판례

입양은 출생이 아니라 법에 정한 절차에 따라 원래는 부모 · 자녀가 아닌 사람 사이에 부모 · 자녀 관계를 형성하는 제도이다. 조부모와 손자녀 사이에는 이미 혈족관계가 존재하지만 부모 · 자녀 관계에 있는 것은 아니다. 민법은 입양의 요건으로 동의와 허가 등에 관하여 규정하고 있을 뿐이고 존속을 제외하고는 혈족의 입양을 금지하고 있지 않다(민법 제877조 참조). 따라서 조부모가 손자녀를 입양하여 부모 · 자녀 관계를 맺는 것이 입양의 의미와 본질에 부합하지 않거나 불가능하다고 볼 이유가 없다. 조부모가 자녀의 입양허가를 청구하는 경우에 입양의 요건을 갖추고 입양이 자녀의 복리에 부합한다면 이를 허가할 수 있다. 다만 조부모가 자녀를 입양하는 경우에는, 양부모가 될 사람과 자녀 사이에 이미 조손관계가 존재하고 있고 입양 후에도 양부모가 여전히 자녀의 친생부 또는 친생모에 대하여 부모의 지위에 있다는 특수성이 있으므로, 이러한 사정이 자녀의 복리에 미칠 영향에 관하여 세심하게 살필 필요가 있다.

법원은 조부모가 단순한 양육을 넘어 양친자로서 신분적 생활관계를 형성하려는 실질적인 의사를 가지고 있는지, 입양의 주된 목적이 부모로서 자녀를 안정적 · 영속적으로 양육 · 보호하기 위한 것인지, 친생부모의 재혼이나 국적 취득, 그 밖의 다른 혜택 등을 목적으로 한 것은 아닌지를 살펴보아야 한다. 또한 친생부모의 입양동의가 자녀 양육과 입양에 관한 충분한 정보를 제공받은 상태에서 자발적이고 확정적으로 이루어진 것인지를 확인하고 필요한 경우 가사조사, 상담 등을 통해 관련 정보를 제공할 필요가 있다. 그 밖에 조부모가 양육능력이나 양부모로서의 적합성과 같은 일반적인 요건을 갖추는 것 외에도, 자녀와 조부모의 나이, 현재까지의 양육 상황, 입양에 이르게 된 경위, 친생부모의 생존 여부나 교류 관계 등에 비추어 조부모와 자녀 사이에 양친자관계가 자연스럽게 형성될 것을 기대할 수 있는지를 살피고 조부모의 입양이 자녀에게 도움이 되는 사항과 우려되는 사항을 비교 · 형량하여, 개별적 · 구체적인 사안에서 입양이 자녀의 복리에 적합한지를 판단하여야 한다. 심리 과정에서는 입양되는 자녀가 13세 미만인 경우에도 자신의 의견을 형성할 능력이 있다면 자녀의 나이와 상황에 비추어 적절한

방법으로 자녀의 의견을 청취하는 것이 바람직하다(대법원 2021.12.23, 자2018스5 전원합의체 결정).

Ⅳ. 가족관계등록제도

1. 가족관관계등록제도의 의의

2005년 개정된 민법에 의하여 2008년 1월 1일부터 민법상 호주제가 폐지됨에 따라 호적제도를 대체할 새로운 가족관계등록제도를 마련하여 국민 개개인별로 출생·혼인·사망 등의 신분 변동사항을 전산정보처리조직에 따라 기록·관리하도록 하는 한편, 그 등록정보를 사용목적에 따른 다양한 증명서 형태로 발급하도록 하고, 가족관계등록 등의 사무를 국가사무화하여 대법원이 관장하도록 하였다.

2. 가족관계 증명서의 종류

[표]

증명서의 종류	각 일반증명서의 기재사항
가족관계 증명서	가. 본인의 등록기준지·성명·성별·본·출생연월일 및 주민등록번호 나. 부모의 성명·성별·본·출생연월일 및 주민등록번호(입양의 경우 양부모를 부모로 기록한다. 다만, 단독입양한 양부가 친생모와 혼인관계에 있는 때에는 양부와 친생모를, 단독입양한 양모가 친생부와 혼인관계에 있는 때에는 양모와 친생부를 각각 부모로 기록한다) 다. 배우자, 생존한 현재의 혼인 중의 자녀의 성명·성별·본·출생연월일 및 주민등록번호
기본증명서	가. 본인의 등록기준지·성명·성별·본·출생연월일 및 주민등록번호 나. 본인의 출생, 사망, 국적상실에 관한 사항

혼인관계증명서	가. 본인의 등록기준지 · 성명 · 성별 · 본 · 출생연월일 및 주민등록번호 나. 배우자의 성명 · 성별 · 본 · 출생연월일 및 주민등록번호 다. 현재의 혼인에 관한 사항
입양관계증명서	가. 본인의 등록기준지 · 성명 · 성별 · 본 · 출생연월일 및 주민등록번호 나. 친생부모 · 양부모 또는 양자의 성명 · 성별 · 본 · 출생연월일 및 주민등록번호 다. 현재의 입양에 관한 사항
친양자입양 관계증명서	가. 본인의 등록기준지 · 성명 · 성별 · 본 · 출생연월일 및 주민등록번호 나. 친생부모 · 양부모 또는 친양자의 성명 · 성별 · 본 · 출생연월일 및 주민등록번호 다. 현재의 친양자 입양에 관한 사항

<요 약>

1. 친족

1) 친족의 의의 : 혼인과 혈연으로 맺어진 사람들 사이의 관계
2) 친족의 종류 : 배우자, 혈족, 인척
3) 친족의 범위 : 8촌 이내의 혈족, 4촌 이내의 인척, 배우자
4) 친족관계의 발생원인 : 혼인, 출생, 인지, 입양
5) 친족관계의 소멸원인 : 혼인취소, 이혼, 입양취소, 파양 등

2. 가족의 범위

1) 생계를 같이 하지 않아도 가족으로 인정되는 경우 : 배우자, 직계혈족 및 형제자매

2) 생계를 같이 해야 가족으로 인정되는 경우 : 직계혈족의 배우자, 배우자의 직계혈족, 배우자의 형제자매

3. 자의 성(姓)과 본(本)

1) 성 : 한 혈통을 잇는 계통을 나타내는 명칭으로 일반적으로 부계혈통을 표시

2) 본 : 시조가 난 곳의 지명을 표시하는 명칭

3) 자는 부의 성과 본을 따르나, 부모가 혼인 시 모의 성과 본을 따르기로 협의한 경우에는 모의 성과 본을 따른다.

4. 가족관계등록부의 종류

가족관계증명서, 기본증명서, 혼인관계증명서, 입양관계증명서, 친양자입양관계증명서

제 5 장

혼인과 혼인해소의 법률관계

제5장 혼인과 혼인해소의 법률관계

Ⅰ. 약혼과 약혼해제

1. 약　　혼

약혼이란 두 남녀가 장차 혼인하기로 하는 신분상 계약이다. 우리 민법은 제800조에서 “성년에 달한 자는 자유로 약혼할 수 있다”라고 규정하고 있으므로 성년에 달한 자는 어느 누구의 간섭도 없이 자유롭게 약혼할 수 있다. 여기서 성년은 19세를 말한다(민법 제4조). 미성년자도 18세에 달하면 부모나 미성년후견인의 동의를 받아 약혼할 수 있다(민법 제801조). 또한 피성년후견인도 부모나 성년후견인의 동의를 받아 약혼할 수 있다(민법 제802조). 약혼을 하면 두 남녀는 가까운 장래에 혼인을 할 의무를 질 뿐, 약혼자 한쪽과 상대방의 가족 사이에 친족관계가 발생하는 것은 아니다. 그리고 약혼은 강제이행을 청구하지 못한다(민법 제803조).

2. 약혼해제

흔히 파혼이라고 하는 약혼해제는 두 약혼자가 합의를 한다면 이유를 묻지 않고 언제든지 할 수 있다. 두 약혼자 사이에 합의가 없는 경우 약혼자 한쪽이 아무런 이유 없이 약혼해제를 할 수는 없다.

약혼자 한쪽에 약혼 후 자격정지 이상의 선고를 받은 경우, 약혼 후 성년후견개시나 한정후견개시의 심판을 받은 경우, 성병 · 불치의 정신병 · 그 밖의 불치의 병질이 있는 경우, 약혼 후 다른 사람과 약혼이나 혼인을 한 경우, 약혼 후 다른 사람과 간음한 경우, 약혼 후 1년 이상 생사가 불명한 경우, 정당한 이유 없이 혼인을 거절하거나 그 시기를 늦추는 경우, 그 밖에 중대한 사유가 있는 경우에는 상대방은 약혼을 해제할 수 있다(민법 제804조).

| 보충 3 |

계약의 해제와 해지

1. 계약의 해제

유효하게 계약이 성립되면 당사자는 계약을 준수하여야 하고 그에 구속된다. 그런데 어느 당사자가 그의 채무를 이행할 수 없는 경우에 당사자 한쪽의 의사표시로 소급하여 계약이 없었던 것과 같은 상태로 되돌리는 제도가 계약의 '해제'이다. 계약의 해제에는 약정해제와 법정해제가 있다.

약정해제란 당사자간의 약정으로 해제권이 발생하는 경우를 정하는 것이고, 법정해제란 채무불이행을 이유로 해제권이 발생하는 것으로 민법이 정한 것이다.

당사자 한쪽이 계약을 해제한 때에는 각 당사자는 상대방에게 원상회복의무가 생긴다. 이 원상회복의무에는 동시이행의 항변권이 있다. 그리고 손해배상의 책임이 발생할 수도 있으며, 부당이득이 있다면 반환해야 할 의무가 있다.

2. 계약의 해지

소비대차 · 사용대차 · 고용 · 위임 등 계속적 계약에서 당사자 한쪽의 의사표시만으로 그 효력을 장래에 대해 잃게 하는 제도가 계약의 '해지'이다. 계약의 해지에도 약정해지와 법정해지가 있다.

약정해지란 계속적 계약에서 당사자간의 약정으로 해지권을 갖기로 정하는 것이고, 법정해지는 각각의 계속적 계약에 관해 개별적으로 해지권을 갖는 경우를 민법이 정한 것이다.

계약이 해지되면 그 계약은 장래에 대하여 즉 해지한 때부터 효력을 잃으며, 해지 이전의 계약관계에는 영향을 미치지 않는다. 그러므로 이미 이행된 급부는 수령자가 보유할 권리를 갖고, 해지 이전에 계속적 채권관계에 인하여 이미 발생한 채무는 해지로 그 채권관계가 소멸한 이후에도 존속한다.

II. 혼 인

1. 혼인의 의의

혼인이란 일남 일녀가 부부관계를 맺기로 하는 친족법상의 합의이다. 즉 민법은 두 남녀가 혼인하고자 하는 마음이 서로 일치하고 혼인신고를 마쳐야 법적으로 혼인으로 인정된다. 이를 법률혼이라 한다. 한편 사실혼이란 남녀가 부부로서 혼인생활을 하고 있으나 혼인신고를 하지 않은 상태를 말한다. 사실혼으로 인정을 받으려면 두 남녀 사이에 혼인의 의사가 있고, 객관적으로 사회관념상으로 부부생활이라고 인정할 만한 사실이 있어야 한다. 사실혼은 원칙적으로 혼인신고를 전제로 하는 법적 보호는 받지 못하지만, 법은 사실혼을 일정한 범위 내에서 법률혼과 마찬가지로 보호하고 있다.

2. 혼인의 성립요건

혼인이 성립하려면 무엇보다도 양 당사자 사이에 자유로운 의사에 의하여 혼인에 대한 의사의 합치가 있어야 한다. 혼인의 의사는 혼인신고서를 작성할 때뿐만 아니라 혼인신고수리 시에도 있어야 한다. 그 밖에 민법에서 규정하고 있는 혼인할 수 있는 연령(18세)에 달해야 하고(민법 제897조), 민법에서 제한하고 있는 혼인할 수 없는 친족관계가 아니어야 한다(민법 제809조). 또한 중혼(重婚)이 아니어야 한다(민법 제810조). 중혼은 실종선고 후 배우자가 재혼하였는데 실종자가 생존하여 그 실종선고가 취소된 경우, 전혼(前婚)의 이혼이 취소된 경우 등에 발생한다. 이러한 경우 혼인의 취소사유가 된다.

혼인은 앞의 실질적 요건을 갖추어 가족관계의 등록 등에 관한 법률에 따라 혼인신고를 해야만 그 효력이 생긴다(민법 제812조).

3. 혼인의 무효와 취소

(1) 혼인의 무효

(가) 혼인의 무효사유

형식상 혼인신고의 수리가 있더라도 당사자간에 혼인의 합의가 없는 때, 8촌 이내 혈족 사이의 혼인인 때, 당사자간에 직계인척관계가 있거나 있었던 때, 당사자간에 양부모계의 관계가 있었던 때에는 그 혼인은 무효로 된다(민법 제815조).

| 관련판례 |

혼인의 유효 요건과 혼인이 무효라고 본 사례

혼인이 유효하기 위하여는 당사자 사이에 혼인의 합의가 있어야 하고, 이러한 혼인의 합의는 혼인신고를 할 당시에도 존재하여야 한다. 그러므로 혼례식을 거행하고 사실혼관계에 있었으나 한쪽이 뇌졸중으로 혼수상태에 빠져 있는 사이에 혼인신고가 이루어졌다면 특별한 사정이 없는 한 위 신고에 의한 혼인은 무효라고 할 것이다(대법원 1996.6.28, 94므1089 판결).

(나) 혼인무효의 효과

무효인 혼인으로부터는 아무런 효과도 생기지 않는다. 즉 당사자는 재산분할을 청구할 수 없고, 혼인을 기초로 하여 이루어진 상속이 있었다면 무효가 된다. 하지만 과실 있는 상대방에 대는 손해배상을 청구할 수 있다. 또한 무효혼으로 인한 출생자는 혼인외의 자로 된다(민법 제855조 제1항). 한편 혼인신고가 위법하여 무효인 경우에도 무효인 혼인중 출생자를 출생신고 하였다면 그 자에 대한 인지의 효력이 있다(대법원 1971.11.5, 71다1983 판결). 주의할 것은 혼인신고가 한쪽 당사자의 모르는 사이에 이루어짐으로서 그것이 무효라 할지라도 그 후 양쪽 당사자가 그 혼인에 만족하고 그대로 부부생활을 계속한 경우에는 그 혼인을 무효로 할 것은 아니다(대법원 1965.12.28, 65므61 판결).

(2) 혼인의 취소

(가) 혼인의 취소사유

혼인적령인 만18세 미만에 혼인한 때, 동의가 필요한 미성년자나 피성년후견인이 동의 없이 혼인한 때, 중혼인 때, 6촌 이내 혈족의 배우자 · 배우자의 6촌 이내 혈족 · 배우자의 4촌 이내 혈족의 배우자인 인척이거나 이러한 인척이었던 자 · 6촌 이내 양부모계의 혈족이었던 자와 4촌 이내 양부모계의 인척이었던 자 사이의 혼인이 이루어진 때, 혼인 당시 당사자 한쪽에 부부생활을 계속할 수 없는 악질 기타 중대사유 있음을 알지 못한 때, 사기 또는 강박으로 인하여 혼인의 의사표시를 한 때에는 그 혼인은 취소할 수 있다(민법 제816조).

(나) 혼인취소의 효과

혼인이 취소되면 혼인무효와는 달리 장래에 대해서만 효과가 있다. 즉 혼인이 취소되면 양쪽 당사자는 그 취소된 때부터 부부가 아닌 것으로 된다. 그러므로 당사자 한쪽은 그 상대방에게 재산분할을 청구할 수 있다. 혼인중의 출생자는 그 신분을 그대로 유지된다. 자의 양육책임과 면접교섭권 문제가 발생한다. 또한 과실 있는 상대방에 대하여는 손해배상을 청구할 수 있다.

| 보충 4 |

법률행위의 무효와 취소

법률행위란 의사표시를 요소로 하는 법률효과, 즉 일정한 효과의 발생을 목적으로 하는 하나 또는 여러 개의 의사표시를 불가결의 요소로 하는 법률요건을 말한다. 법률행위의 무효는 법률행위가 성립한 처음부터 법률상 당연히 그 효력이 발생하지 않는 것으로 확정되어 있는 것이고, 법률행위의 취소는 취소권자가 취소기간 내에 취소권을 행사한 때에만 처음부터 무효처럼 다루어지는 것으로 취소를 하지 않으면 법률행위의 효력에는 아무런 영향이 없다. 무효인 법률행위는 추인하여도 그 효력이 생기지 않는 것이 원칙이나 당사자가 그 무효임을 알고 추인한 때에는 새로운 법률행위로 본다(민법 제139조). 주의할 것은 반사회질서의 법률행위처럼 무효의 원인이 없어지지 않는 경우에 있어서는 그 추인의 여지도 없다. 이에 반하여 취소할 수 있는 법률행위는 취소권자가 추인할 수 있고 추인 후에는 취소하지 못하므로(민법 제143조 제1항) 유효한 법률행위로 확정된다.

4. 혼인의 효력

(1) 일반적 효력

혼인을 하면 양쪽 당사자는 배우자가 되어 친족관계가 되며(민법 제777조), 상대방 혈족과는 인척관계가 된다(민법 제769조). 부부는 동거하며 서로 부양하고 협조하여야 한다. 그러나 정당한 이유로 일시적으로 동거하지 아니하는 경우에는 서로 받아들여야 하며(민법 제826조 제1항), 부부는 일상의 가사에 대하여 서로 대리권이 있다(민법 제837조 제1항). 그리고 미성년자가 혼인을 한 때에는 성년자로 보는데(민법 제826조의2), 법률혼에서만 인정된다. 그러나 민법 이외의 법률관계에서는 여전히 미성년자이다.

(2) 재산적 효력

(가) 부부재산계약

부부재산계약은 혼인할 의사를 가진 당사자가 혼인 전에 혼인 후 형성되는 재산에 대한 법률관계를 혼인 전에 미리 약정하는 계약을 말한다(민법 제829조). 이 부부재산계약은 부부재산약정등기부에 등기를 하여야 부부의 승계인이나 제3자에게 대항할 수 있다.

(나) 법정재산제

부부재산계약을 체결하지 아니한 경우에는 부부별산제를 원칙으로 하고 있다(민법 제830조 · 제831조). 부부별산제란 부부가 각자 혼인하기 전부터 가졌던 재산 및 혼인생활 중에 자기 명의로 취득한 재산을 그의 특유재산으로 하여 각자가 관리 · 사용 · 수익하게 하는 제도를 말한다. 이 경우 부부의 누구에게 속한 것인지 분명하지 아니한 재산은 부부의 공유로 추정한다.

부부별산제 외에 민법은 일상가사로 인한 채무에 관하여 부부의 연대책임을 규정하고 있고(민법 제832조), 부부의 공동생활에 필요한 비용은 당사자간에 특별한 약정이 없으면 부부가 공동으로 부담한다는 규정을 두고 있다(민법 제832조).

| 관련판례 1 |

부부의 일방이 혼인중 자기명의로 취득한 재산이 부부의 공유로 인정되는 경우에 관한 판례

부부의 일방이 혼인중 그의 명의로 취득한 부동산은 그의 특유재산으로 추정되는 것으로서 그 부동산을 취득함에 있어 상대방의 협력이 있었다거나 혼인생활에 있어 내조의 공이 있었다는 것만으로는 위 추정을 번복할 수 있는 사유가 되지 못하고 그 부동산을 부부각자가 대금의 일부씩을 분담하여 매수하였다거나 부부가 연대채무를 부담하여 매수하였다는 등의 실질적 사유가 주장입증되는 경우에 한하여 위 추정을 번복하고 그 부동산을 부부의 공유로 인정할 수 있다(대법원 1986.9.9, 85다카1337 판결).

| 관련판례 2 |

부부일방의 소유재산의 추정과 그 추정이 번복되는 경우의 소유관계와 처가 남편의 수입을 증식한 재산으로 부동산을 매입한 경우의 소유권귀속에 관한 판례

부부의 일방이 혼인중에 자기명의로 취득한 재산은 그 명의자의 소유재산으로 추정되나 실질적으로 다른 일방 또는 쌍방이 그 재산의 대가를 부담하여 취득한 것이 증명된 때에는 소유재산의 추정은 번복되어 다른 일방의 소유이거나 쌍방의 공유라고 보아야 할 것이다. 그러므로 부동산매입자금의 원천이 남편의 수입에 있다고 하더라도 처가 남편과 18년간의 결혼생활을 하면서 여러 차례 부동산을 매입하였다가 이익을 남기고 처분하는 등의 방법으로 증식한 재산으로써 그 부동산을 매입하게 된 것이라면 위 부동산의 취득은 부부쌍방의 자금과 증식노력으로 이루어진 것으로서 부부의 공유재산이라고 볼 여지가 있다(대법원 1990.10.23, 90다카5624 판결).

Ⅲ. 혼인의 해소

1. 혼인해소의 의의

혼인의 해소란 유효하게 성립한 혼인이 그 존속중에 발생한 원인에 의하여 종료되는 것을 말한다.

2. 혼인해소의 유형

(1) 사망에 의한 혼인의 해소

(가) 혼인효력의 소멸과 생존배우자의 상속

① 부부의 어느 한쪽이 사망하면 부부라는 신분관계가 소멸되어 동거 · 부양 · 협조의 의무와 정조의무는 소멸하고 재혼도 자유로이 할 수 있으며, 부부재산제의 구속도 없어지고 부부재산계약도 효력을 잃는다. 그러나 소급적인 소멸의 효과는 없으므로 이미 발생한 일상가사로 인한 연대책임에는 영향이 없다.

② 생존배우자는 사망자의 재산상속을 하게 된다.

(나) 친족관계

생존배우자의 인척관계는 당연히 소멸하는 것이 아니라 생존배우자가 재혼할 때에 한하여 소멸한다(민법 제775조).

(2) 실종선고에 의한 혼인의 해소

부부의 어느 한쪽에게 실종선고가 있게 되면 그 실종기간이 만료된 때에 혼인이 해소된다. 그러므로 잔존배우자는 재혼할 수 있다.

잔존배우자가 재혼한 뒤에 실종선고가 취소되면 재혼당사자의 한쪽 또는 양쪽이 악의인 경우에는 전혼은 부활하고 후혼은 중혼이 되어 전혼에는 이혼원인이 생기고(민법 제840조), 후혼은 취소할 수 있게 된다(민법 제810조 · 제816조 · 민법 제818조). 한편 재혼당사자 양쪽이 선의이면 전혼은 부활하지 않고 후혼만 유효하다는 것이 통설이다.

(3) 이혼에 의한 혼인의 해소

혼인은 이혼에 의해서도 해소되는데, 그 유형에는 협의상 이혼과 재판상 이혼이 있다.

3. 이 혼

(1) 협의상 이혼

(가) 협의상 이혼의 절차

협의상 이혼은 당사자가 이혼과 자녀양육에 관하여 합의하여 판사로부터 이혼의사를 확인받아 신고하는 방법이다.

협의상 이혼을 하려는 경우에 대리인에 의한 신청은 할 수 없으며, 협의상 이혼을 하려는 부부가 직접 협의이혼의사확인을 받기 위해 신분증과 도장을 가지고 법원에 가야한다. 양육하여야할 자녀가 있는 경우에는 자의 양육과 친권자결정에 관한 협의서 또는 가정법원 심판정본을 함께 제출하여야 한다.

협의상 이혼 당사자는 미성년인 자녀가 있는 경우에는 3개월, 미성년의 자녀가 없는 경우에는 1개월의 이혼숙려기간이 지난 후 가정법원의 확인을 받아 가정법원에서 발급한 확인서등본을 교부받아 3개월 이내에 등록기준지 또는 주소지에 신고하여야 이혼의 효력이 발생한다.

(나) 협의상 이혼의 무효와 취소

(a) 협의상 이혼의 무효 이혼합의가 없는 경우는 원칙적으로 무효이다. 즉 당연무효이며, 가정법원에 협의이혼무효확인의 소를 제기할 수 있다. 단, 가장이혼에 대하여 판례는 유효하다는 입장이다.

| 관련판례 |

일시적으로 법률상 부부관계를 해소할 의사로써 한 협의이혼신고의 효력 유무에 관한 판례

협의이혼에 있어서 이혼의사는 법률상 부부관계를 해소하려는 의사를 말하므로 일시적으로나마 법률상 부부관계를 해소하려는 당사자간의 합의하에 협의이혼신고가 된 이상 협의이혼에 다른 목적이 있더라도 양자간에 이혼의사가 없다고는 말할 수 없고 따라서 이와 같은 협의이혼은 무효로 되지 아니한다(대법원 1993.6.11, 93므171 판결).

(b) 협의상 이혼의 취소　사기 또는 강박에 의한 이혼은 가정법원에 취소청구가 가능하다(민법 제838조 · 제839조 · 제823조). 이 소는 형성의 소이며, 취소의 효과는 그 소급효가 인정되어야 한다는 것이 통설이다.

| 관련판례 |

법원의 협의이혼 확인절차의 대상적 효과와 협의이혼의사 확인의 법적 효력에 관한 판례

협의이혼의사확인절차는 확인당시에 당사자들이 이혼을 할 의사를 가지고 있는가를 밝히는데 그치는 것이고 그들이 의사결정의 정확한 능력을 가졌는지 또는 어떠한 과정을 거쳐 협의이혼 의사를 결정하였는지 하는 점에 관하여서는 심리하지 않는다. 협의이혼의사의 확인은 어디까지나 당사자들의 합의를 근간으로 하는 것이고 법원의 역할은 그들의 의사를 확인하여 증명하여 주는데 그치는 것이며 법원의 확인에 소송법상의 특별한 효력이 주어지는 것도 아니므로 이혼협의의 효력은 민법상의 원칙에 의하여 결정되어야 할 것이고 이혼의사 표시가 사기, 강박에 의하여 이루어졌다면 민법 제838조에 의하여 취소 할 수 있다고 하지 않으면 안 된다(대법원 1987.1.20, 86므86 판결).

(2) 재판상 이혼

재판상 이혼은 법률상 이혼원인이 있을 때 부부 한쪽의 청구로 법원의 판결에 의하여 성립하는 이혼을 말한다. 재판상 이혼을 하려는 자는 먼저 조정을 신청하고, 조정이 성립되지 아니하면 재판을 받게 된다.

(가) 재판상 이혼의 원인

재판상 이혼의 원인은 민법 제840조에 열거되어 있다. 즉 배우자에 부정한 행위가 있었을 때 · 배우자가 악의로 다른 일방을 유기한 때 · 배우자 또는 그 직계존속으로부터 심히 부당한 대우를 받았을 때 · 자기의 직계존속이 배우자로부터 심히 부당한 대우를 받았을 때 · 배우자의 생사가 3년 이상 분명하지 아니한 때 · 기타 혼인을 계속하기 어려운 중대한 사유가 있을 때에 배우자의 한쪽은 가정법원에 이혼을 청구할 수 있다.

관련판례 1

과도한 신앙생활로 인하여 가정 및 혼인 생활을 소홀히 한 경우, 이혼사유가 된다고 본 사례

신앙의 자유는 부부라고 하더라도 이를 침해할 수 없는 것이지만, 부부 사이에는 서로 협력하여 원만한 부부생활을 유지하여야 할 의무가 있으므로 그 신앙의 자유에는 일정한 한계가 있다 할 것인바, 처가 신앙생활에만 전념하면서 가사와 육아를 소홀히 한 탓에 혼인이 파탄에 이르게 되었다면 그 파탄의 주된 책임은 처에게 있으므로, 부의 이혼청구를 인용한다(대법원 1996. 11. 15, 96므851 판결).

관련판례 2

혼인의 실체가 완전히 해소된 상태에서 이혼청구를 하고 있는 '유책배우자'의 유책성이 혼인제도가 추구하는 목적과 민법의 지도이념인 신의성실의 원칙에 비추어 이혼청구를 배척할 정도로 중하지 아니하여, 민법 제840조 제6호의 이혼원인이 존재한다고 한 사례

갑과 을 사이의 11년이 넘는 장기간의 별거, 갑과 병 사이의 사실혼관계 형성 및 자의 출산 등 제반사정을 고려하여 갑과 을의 혼인은 혼인의 본질에 상응하는 부부공동생활 관계가 회복할 수 없을 정도로 파탄되었고, 그 혼인생활의 계속을 강제하는 것이 일방 배우자에게 참을 수 없는 고통이 된다고 하여, 비록 '유책배우자'의 이혼청구라 하더라도 갑과 을의 혼인에는 민법 제840조 제6호의 '혼인을 계속하기 어려운 중대한 사유가 있을 때'라는 이혼원인이 존재한다고 하겠다(대법원 2009.12.24, 2009므2130 판결).

(나) 재판상 이혼의 청구

재판상 이혼의 청구는 유책배우자의 상대방이 한다. 따라서 유책배우자 자신은 원칙적으로 이혼을 청구하지 못한다.

| 관련판례 1 |

유책배우자의 이혼청구 인정여부에 관한 판례

혼인생활의 파탄에 대하여 주된 책임이 있는 배우자는 그 파탄을 사유로 하여 이혼을 청구할 수 없는 것이 원칙이고, 다만 상대방도 그 파탄 이후 혼인을 계속할 의사가 없음이 객관적으로 명백하고 다만 오기나 보복적 감정에서 이혼에 응하지 않고 있을 뿐이라는 등 특별한 사정이 있는 경우에만 예외적으로 유책배우자의 이혼청구권이 인정된다(대법원 1995. 11. 21, 95므731 판결).

| 관련판례 2 |

유책배우자의 이혼청구를 인정할 만한 특별한 사정이 있는 경우가 아니라고 한 사례

유책배우자 갑과 상대방 을 사이에 갑이 을에게 매달 생활비를 지급하되 을은 갑이 다른 여자와 살더라도 이의를 제기하지 않기로 합의서를 작성한 경우, 그 합의서는 갑이 을을 거부하기 때문에 같이 살 수는 없더라도 이혼은 할 수 없다는 을의 의사를 강력히 나타낸 것에 불과하고, 그 합의서의 존재를 들어 을이 실제로는 혼인을 계속할 의사가 없으면서도 오로지 오기나 보복적 감정에서 표면적으로만 이혼에 불응하는 것으로 보기는 어렵다고 보아, 갑의 이혼청구를 배척한 원심판결을 수긍하였다(대법원 1996. 11. 8, 96므998 판결).

(다) 재판상 이혼 청구권의 행사

재판상 이혼의 청구는 유책배우자의 상대방이 그 사유를 안 날로부터 6월, 그 사유가 있은 날로부터 2년 내에 행사하여야 한다(민법 제841조).

(3) 이혼의 효과

(가) 일반적 효과

부부관계가 소멸하므로 부부사이의 동거·부양·정조·협조의무 등과 부부재산관계 등 혼인에 의하여 발생된 모든 권리의무가 소멸한다.

(나) 자에 대한 효과

미성년인 자를 둔 부부가 이혼하는 경우에는 친권을 행사할 친권행사자와 양육권자를 정하여야 한다(민법 제909조 제4항, 제837조). 또한 자를 직접 양육하지 아니하

는 부모중 한쪽은 면접교섭권을 갖는다(민법 제837조의2). 면접교섭권이란 이혼 후 자를 양육 · 보호하고 있지 않는 부모가 그 자와 면접 · 서신 교환 또는 접촉하는 권리를 말한다.

(다) 재산적 효과

(a) 손해배상청구권 재판상 이혼의 경우 이혼의 책임 있는 당사자에게 물질적 · 정신적 손해에 따른 배상청구를 할 수 있다. 위자료는 이혼의 책임 있는 당사자에게 청구하는 정신적 고통에 대한 손해배상을 말한다. 위자료청구는 이혼의 책임 있는 배우자뿐만 아니라 심히 부당한 대우를 하여 이혼하도록 만든 배우자의 직계존속이나 배우자와 간통한 제3자, 남편과 부첩관계에 있는 여자에 대하여도 할 수 있다.

(b) 재산분할청구권 재산분할청구권이란 협의상 · 재판상 이혼한 당사자 한쪽이 다른 한쪽에 대하여 혼인중 취득한 재산의 일부를 분할청구하는 권리를 말한다. 재산분할청구권은 이혼의 책임이 있는 유책배우자도 행사할 수 있다. 또 재산분할청구권의 행사는 이혼한 날로부터 2년 내에 행사하지 않으면 소멸한다(민법 제839조의2).

| 관련판례 1 |

부부가 혼인 중에 취득한 실질적인 공동재산에 대하여 유책배우자도 재산분할청구권이 있는지 여부와 협의에 의하여 이혼할 때 처의 가사노동에 의한 기여로 이룩된 공동재산이 재산분할청구의 대상이 되는지 여부에 관한 판례

혼인 중에 부부가 협력하여 이룩한 재산이 있는 경우에는 혼인관계의 파탄에 대하여 책임이 있는 배우자라도 재산의 분할을 청구할 수 있다.

또한 민법 제839조의2에 규정된 재산분할 제도는 부부가 혼인 중에 취득한 실질적인 공동재산을 청산 분배하는 것을 주된 목적으로 하는 것이므로 부부가 협의에 의하여 이혼할 때 쌍방의 협력으로 이룩한 재산이 있는 한, 처가 가사노동을 분담하는 등으로 내조를 함으로써 부의 재산의 유지 또는 증가에 기여하였다면 쌍방의 협력으로 이룩된 재산은 재산분할의 대상이 된다(대법원 1993. 5. 11, 자, 93스6 결정).

| 관련판례 2 |

재산분할에 있어서 부부 일방의 특유재산이 분할대상이 되는 경우 및 부부 일방의 제3자에 대한 채무가 청산대상이 되는 경우와 법원이 재산분할을 명함에 있어서 참작할 사항 및 설시 정도 및 재산분할 대상 적극재산에서 공제하여야 할 부채를 인정함에 있어 액수를 특정하지 아니하고 몇 천만 원 정도라고 한 것은 잘못이나 액수가 과다하여 위법하다고 보이지는 아니한다고 한 사례

민법 제843조, 제839조의2의 규정에 의한 재산분할의 경우 부부 일방의 특유재산은 원칙적으로 분할대상이 되지 아니하나 특유재산일지라도 다른 일방이 적극적으로 특유재산의 유지에 협력하여 감소를 방지하였거나 증식에 협력하였다고 인정되는 경우에는 분할대상이 될 수 있고 또 부부 일방이 혼인중 제3자에게 부담한 채무는 일상가사에 관한 것 이외에는 원칙으로 개인채무로서 청산대상이 되지 않으나 공동재산의 형성에 수반하여 부담한 채무인 경우에는 청산대상이 된다.

또한 법원은 재산분할을 함에 있어 방법이나 비율 또는 액수는 당사자 쌍방의 협력으로 이룩한 재산의 액수 기타의 사정을 참작하여 정하면 되고 기타의 사정 중 중요한 것은 명시하여야 할 것이나 그 모두를 개별적, 구체적으로 일일이 특정하여 설시하여야 하는 것은 아니다.

그리고 재산분할 대상 적극재산에서 공제하여야 할 부채를 인정함에 있어 액수를 특정하지 아니하고 몇 천만 원 정도라고 한 것은 잘못이나 액수가 과다하여 위법하다고 보이지는 아니하다(대법원 1993. 5. 25, 92므501 판결).

| 관련판례 3 |

부부 일방의 특유재산이 재산분할의 대상이 될 수 있는지 여부와 가사를 전담하는 외에 가업으로 24시간 개점하는 잡화상연쇄점에서 경리업무를 전담하면서 잡화상 경영에 참가하여 가사비용의 조달에 협력하였다면 특유재산의 감소방지에 일정한 기여를 하였다고 할 수 있어 특유재산이 재산분할의 대상이 된다고 본 사례

특유재산이라 할지라도 다른 일방이 적극적으로 그 특유재산의 유지에 협력하여 그 감소를 방지하였거나 그 증식에 협력하였다고 인정되는 경우에는 재산분할의 대상이 될 수 있다.

또한 가사를 전담하는 외에 가업으로 24시간 개점하는 잡화상연쇄점에서 경리업무를 전담하면서 잡화상 경영에 참가하여 가사비용의 조달에 협력하였다면 특유재산의 감소방지에 일정한 기여를 하였다고 할 수 있어 특유재산이 재산분할의 대상이 된다(대법원 1994. 5. 13, 93므1020 판결).

| 관련판례 4 |

재산분할에 관한 민법 규정을 사실혼관계에 준용 또는 유추적용할 수 있는지 여부에 관한 판례

사실혼이라 함은 당사자 사이에 혼인의 의사가 있고, 객관적으로 사회관념상으로 가족 질서적인 면에서 부부공동생활을 인정할 만한 혼인생활의 실체가 있는 경우이므로 법률혼에 대한 민법의 규정 중 혼인신고를 전제로 하는 규정은 유추적용할 수 없으나, 부부재산의 청산의 의미를 갖는 재산분할에 관한 규정은 부부의 생활공동체라는 실질에 비추어 인정되는 것이므로 사실혼관계에도 준용 또는 유추적용할 수 있다(대법원 1995. 3. 10, 94므1379,1386(반소) 판결).

| 관련판례 5 |

혼인중 부부의 협의이혼을 전제로 한 재산분할협의의 법적 성질에 관한 판례

재산분할에 관한 협의는 혼인중 당사자 쌍방의 협력으로 이룩한 재산의 분할에 관하여 이미 이혼을 마친 당사자 또는 아직 이혼하지 않은 당사자 사이에 행하여지는 협의를 가리키는 것인바, 그 중 아직 이혼하지 않은 당사자가 장차 협의상 이혼할 것을 약정하면서 이를 전제로 하여 위 재산분할에 관한 협의를 하는 경우에 있어서는, 특별한 사정이 없는 한, 장차 당사자 사이에 협의상 이혼이 이루어질 것을 조건으로 하여 조건부 의사표시가 행하여지는 것이라 할 것이므로, 그 협의 후 당사자가 약정한대로 협의상 이혼이 이루어진 경우에 한하여 그 협의의 효력이 발생하는 것이지, 어떠한 원인으로든지 협의상 이혼이 이루어지지 아니하고 혼인관계가 존속하게 되거나 당사자 일방이 제기한 이혼청구의 소에 의하여 재판상 이혼(화해 또는 조정에 의한 이혼을 포함한다)이 이루어진 경우에는 위 협의는 조건의 불성취로 인하여 효력이 발생하지 않는다(대법원 2000. 10. 24, 99다33458 판결).

| 관련판례 6 |

장래의 퇴직금을 청산대상재산에 포함시킬 수 있는지 여부와 남편이 보험수익자인 처의 보험금을 대리 수령한 경우, 그 수령한 금원을 재산분할의 대상으로 삼을 수는 없다고 한 사례

부부 일방이 아직 퇴직하지 아니한 채 직장에 근무하고 있을 경우 그의 퇴직일과 수령할 퇴직금이 확정되었다는 등의 특별한 사정이 없다면, 그가 장차 퇴직금을 받을 개연성이 있다는 사정만으로 그 장래의 퇴직금을 청산의 대상이 되는 재산에 포함시킬 수 없고, 장래 퇴직금을 받을 개연성이 있다는 사정은 민법 제839조의2 제2항 소정의 재산분할의 액수와 방법을 정하는 데 필요한 '기타 사정'으로 참작되면 족하다.

또한 남편이 보험수익자인 처의 보험금을 대리 수령한 경우, 그 보험금이 처의 특유재산이고, 당사자 쌍방의 협력으로 이룩한 재산이라고 볼 수도 없어, 남편으로서는 처에 대하여 동액 상당의 지급의무를 부담하는 것이고, 이러한 채무는 재산분할과는 별도로 존속하는 것이라는 이유로 남편이 수령한 금원을 재산분할의 대상으로 삼을 수는 없다(대법원 2002. 8. 28, 자, 2002스36 판결).

| 관련판례 7 |

공무원 퇴직연금수급권에 대하여 정기금 방식으로 재산분할을 할 경우, 공무원 퇴직연금수급권과 다른 일반재산을 구분하여 개별적으로 분할비율을 정할 수 있는지 여부 및 그 분할비율의 산정 방법에 관한 판례

민법 제839조의2 제2항의 취지에 비추어 볼 때, 재산분할비율은 개별재산에 대한 기여도를 일컫는 것이 아니라 기여도 기타 모든 사정을 고려하여 전체로서 형성된 재산에 대하여 상대방 배우자로부터 분할받을 수 있는 비율을 일컫는 것이라고 봄이 상당하므로, 법원이 합리적인 근거 없이 분할대상 재산들을 개별적으로 구분하여 분할비율을 달리 정하는 것은 허용될 수 없다.

그러나 공무원 퇴직연금수급권에 대하여 위와 같이 정기금 방식으로 재산분할을 할 경우에는 대체로 가액을 특정할 수 있는 다른 일반재산과는 달리 공무원 퇴직연금수급권은 연금수급권자인 배우자의 여명을 알 수 없어 가액을 특정할 수 없는 등의 특성이 있으므로, 재산분할에서 고려되는 제반 사정에 비추어 공무원 퇴직연금수급권에 대한 기여도와 다른 일반재산에 대한 기여도를 종합적으로 고려하여 전체 재산에 대한 하나의 분할비율을 정하는 것이 형평에 부합하지 아니하는 경우도 있을 수 있다. 그러한 경우에는 공무원 퇴직연금수급권과 다른 일반

재산을 구분하여 개별적으로 분할비율을 정하는 것이 타당하고, 그 결과 실제로 분할비율이 달리 정하여지더라도 이는 분할비율을 달리 정할 수 있는 합리적 근거가 있는 경우에 해당한다. 그 경우에 공무원 퇴직연금의 분할비율은 전체 재직기간 중 실질적 혼인기간이 차지하는 비율, 당사자의 직업 및 업무내용, 가사 내지 육아 부담의 분배 등 상대방 배우자가 실제로 협력 내지 기여한 정도 기타 제반 사정을 종합적으로 고려하여 정하여야 한다(대법원 2014. 7. 16, 2012므2888 전원합의체 판결).

| 관련판례 8 |

부부 일방이 이혼 당시 아직 퇴직하지 아니한 채 직장에 근무하고 있는 경우, 퇴직급여채권이 재산분할의 대상에 포함되는지 여부 및 그 대상 채권의 범위에 관한 판례

근로자퇴직급여보장법, 공무원연금법, 군인연금법, 사립학교교직원연금법이 각 규정하고 있는 퇴직급여는 사회보장적 급여로서의 성격 외에 임금의 후불적 성격과 성실한 근무에 대한 공로보상적 성격도 지닌다. 그리고 이러한 퇴직급여를 수령하기 위하여는 일정기간 근무할 것이 요구되는바, 그와 같이 근무함에 있어 상대방 배우자의 협력이 기여한 것으로 인정된다면 그 퇴직급여 역시 부부 쌍방의 협력으로 이룩한 재산으로서 재산분할의 대상이 될 수 있다.

퇴직급여채권은 퇴직이라는 급여의 사유가 발생함으로써 현실화되는 것이므로, 이혼 시점에서는 어느 정도의 불확실성이나 변동가능성을 지닐 수밖에 없다. 그러나 그렇다고 하여 퇴직급여채권을 재산분할의 대상에서 제외하고 단지 장래의 수령가능성을 재산분할의 액수와 방법을 정하는 데 필요한 기타 사정으로만 참작하는 것은 부부가 혼인 중 형성한 재산관계를 이혼에 즈음하여 청산 · 분배하는 것을 본질로 하는 재산분할제도의 취지에 맞지 않고, 당사자 사이의 실질적 공평에도 반하여 부당하다.

위와 같은 재산분할제도의 취지 및 여러 사정들에 비추어 볼 때, 비록 이혼 당시 부부 일방이 아직 재직 중이어서 실제 퇴직급여를 수령하지 않았더라도 이혼소송의 사실심 변론종결 시에 이미 잠재적으로 존재하여 경제적 가치의 현실적 평가가 가능한 재산인 퇴직급여채권은 재산분할의 대상에 포함시킬 수 있으며, 구체적으로는 이혼소송의 사실심 변론종결 시를 기준으로 그 시점에서 퇴직할 경우 수령할 수 있을 것으로 예상되는 퇴직급여 상당액의 채권이 그 대상이 된다(대법원 2014. 7. 16, 2013므2250 전원합의체 판결).

<요 약>

1. 약혼과 약혼해제

(1) 약혼이란 두 남녀가 장차 혼인하기로 하는 신분상 계약이다.

(2) 약혼해제는 흔히 파혼이라고도 하는데 두 약혼자가 합의를 한다면 이유를 묻지 않고 언제든지 할 수 있다.

2. 혼 인

(1) 혼인이란 일남 일녀가 부부관계를 맺기로 하는 친족법상의 합의인데, 두 남녀가 혼인의사의 합치가 있어야 하고 혼인신고를 마쳐야 법적으로 혼인으로 인정된다.

(2) 혼인의 무효와 취소

혼인의 무효와 취소는 매우 제한적인 경우에 한정하여 인정하고 있다. 혼인이 무효가 되면 혼인이 처음부터 존재하지 않았던 것으로 되며, 혼인이 취소되면 두 당사자는 그 취소된 때부터 부부가 아닌 것으로 된다.

(3) 혼인의 효과

혼인을 하면 양쪽 당사자는 배우자가 되어 친족관계가 되고, 인척관계가 생긴다. 부부사이에는 동거 · 부양 · 협조의무가 생긴다. 한편 미성년자가 혼인을 한 때에는 성년으로 의제된다.

3. 혼인의 해소

(1) 혼인해소의 유형

사망에 의한 혼인의 해소, 실종선고에 의한 혼인의 해소, 이혼에 의한 혼인의 해소

(2) 협의상 이혼

당사자가 이혼과 자녀양육에 관하여 합의하여 판사로부터 이혼의사를 확인받아 신고하는 방법이다.

(3) 재판상 이혼

법률상 이혼원인이 있을 때 부부 한쪽의 청구로 법원의 판결에 의하여 성립하는 이혼을 말하는데 재판상 이혼을 하려는 자는 먼저 조정을 신청하고, 그 조정이 성립되지 아니하면 재판을 받게 된다.

(4) 이혼의 효과

① 부부사이의 동거 · 부양 · 정조 · 협조의무 등과 부부재산관계 등 혼인에 의하여 발생된 모든 권리의무가 소멸한다.

② 미성년인 자를 둔 부부가 이혼하는 경우에는 양육자의 결정, 양육비의 부담,

면접교섭권 등 자녀의 양육에 관한 사항을 협의 또는 가정법원의 결정으로 미리 정하여야 한다.

③ 재판상 이혼의 경우 이혼의 책임 있는 당사자에게 물질적 · 정신적 손해에 따른 배상청구를 할 수 있다. 또 협의상 이혼이나 재판상 이혼이나 당사자 한쪽이 다른 한쪽에 대하여 혼인중 취득한 재산의 일부를 분할청구할 수 있다. 이 재산분할청구권은 이혼의 책임이 있는 유책배우자도 행사할 수 있다.

제 6 장

상속과 유류분의 이해

제6장 상속과 유류분의 이해

Ⅰ. 상　　속

1. 상속의 의의

상속이란 사람의 사망으로 인한 재산상 법률관계의 포괄적 승계를 말한다. 상속은 피상속인의 사망에 의해 개시되며(민법 제997조), 피상속인의 주소지에서 개시된다(민법 제998조).

상속의 유형으로는 유언에 의한 지정상속과 유언이 없는 경우에 이루어지는 법정상속이 있다.

상속인이란 상속을 받는 자이고, 피상속인이란 상속재산의 권리와 의무를 상속인에게 승계해주는 자를 말한다.

2. 상속의 순위

1) 제1순위의 상속인은 피상속인의 직계비속이다(민법 제1000조 제1항 제1호). 직계비속인 경우 남자와 여자, 기혼 · 미혼, 혼인중의 자, 혼인 외의 자, 친생자 · 양자 등을 구별하지 않는다. 태아는 상속순위에 관하여 이미 출생한 것으로 본다(민법 제1000조 제3항).

2) 제2순위의 상속인은 피상속인의 직계존속이다(민법 제1000조 제1항 제2호).

3) 제3순위는 피상속인의 형제자매이다(민법 제1000조 제1항 제3호).

4) 제4순위는 4촌 이내의 방계혈족이다(민법 제1000조 제1항 제4호).

위에서 같은 순위의 상속인이 여러 명일 경우에는 공동상속인이 되며 촌수가 다른 경우에는 최근친이 우선한다(민법 제1000조 제2항).

5) 배우자의 상속순위는 직계비속이 있는 경우, 그들과 공동상속하게 되고 직계비속이 없으면 직계존속과 공동상속인이 된다. 직계존속도 없는 경우에는 단독상속을 하게 된다(민법 제1003조 제1항). 여기의 배우자는 법률혼의 배우자만이 해당된다. 사실혼의 배우자는 상속을 받을 수 없으며, 상속인이 없는 경우에 한하여 상속재산의 분여청구를 할 수는 있다(민법 제1057조의2).

3. 상속인의 결격

상속인에게 민법에 열거한 사유가 발생하였을 경우에, 특별히 재판상 선고를 기다리지 않고 법률상 당연히 그 상속인이 피상속인을 상속하는 자격을 잃게 된다. 즉 ① 고의로 직계존속, 피상속인, 그 배우자 또는 상속의 선순위나 동순위에 있는 자를 살해하거나 살해하려한 자, ② 고의로 직계존속, 피상속인과 그 배우자에게 상해를 가하여 사망에 이르게 한 자, ③ 사기 또는 강박으로 피상속인의 상속에 관한 유언 또는 유언의 철회를 방해한 자, ④ 사기 또는 강박으로 피상속인의 상속에 관한 유언을 하게 한 자, ⑤ 피상속인의 상속에 관한 유언서를 위조 · 변조 · 파기 또는 은닉한 자 등은 상속인이 못한다(민법 제1004조).

4. 대습상속

상속인이 될 직계비속 또는 형제자매가 상속개시 전에 사망하거나 결격자가 된 경우에 그 직계비속이 있는 때에는 이들이 사망하거나 결격된 자의 순위에 갈음하여 상속하게 되는데(민법 제1001조), 이를 대습상속이라 한다. 이 경우 배우자도 직계비속과 공동상속인이 되고 이들이 없을 때에는 단독상속인이 된다(민법 제1003조 제2항). 한편 상속의 포기는 대습상속의 사유에 포함되지 않는다.

| 관련판례 |

피상속인의 사위가 피상속인의 형제자매보다 우선하여 단독으로 대습상속한다는 민법 제1003조 제2항이 위헌인지 여부와 동시사망으로 추정되는 경우 대습상속의 가능 여부 및 피상속인의 자녀가 상속개시 전에 전부 사망한 경우 피상속인의 손자녀의 상속의 성격에 관한 판례

① 우리나라에서는 전통적으로 오랫동안 며느리의 대습상속이 인정되어 왔고, 1958.2.22. 제정된 민법에서도 며느리의 대습상속을 인정하였으며, 1990.1. 13. 개정된 민법에서 며느리에게만 대습상속을 인정하는 것은 남녀평등 · 부부평등에 반한다는 것을 근거로 하여 사위에게도 대습상속을 인정하는 것으로 개정한 점, ② 헌법 제11조 제1항이 누구든지 성별에 의하여 정치적 · 경제적 · 사회적 · 문화적 생활의 모든 영역에 있어서 차별을 받지 아니한다고 규정하고 있고, 헌법 제36조 제1항이 혼인과 가족생활은 양성의 평등을 기초로 성립되고 유지되어야 하며 국가는 이를 보장한다고 규정하고 있는 점, ③ 현대 사회에서 딸이나 사위가 친정부모 내지 장인장모를 봉양, 간호하거나 경제적으로 지원하는 경우가 드물지 아니한 점, ④ 배우자의 대습상속은 혈족상속과 배우자상속이 충돌하는 부분인데 이와 관련한 상속순위와 상속분은 입법자가 입법정책적으로 결정할 사항으로서 원칙적으로 입법자의 입법형성의 재량에 속한다고 할 것인 점, ⑤ 상속순위와 상속분은 그 나라 고유의 전통과 문화에 따라 결정될 사항이지 다른 나라의 입법례에 크게 좌우될 것은 아닌 점, ⑥ 피상속인의 방계혈족에 불과한 피상속인의 형제자매가 피상속인의 재산을 상속받을 것을 기대하는 지위는 피상속인의 직계혈족의 그러한 지위만큼 입법적으로 보호하여야 할 당위성이 강하지 않은 점 등을 종합하여 볼 때, 외국에서 사위의 대습상속권을 인정한 입법례를 찾기 어렵고, 피상속인의 사위가 피상속인의 형제자매보다 우선하여 단독으로 대습상속하는 것이 반드시 공평한 것인지 의문을 가져볼 수는 있다 하더라도, 이를 이유로 곧바로 피상속인의 사위가 피상속인의 형제자매보다 우선하여 단독으로 대습상속할 수 있음이 규정된 민법 제1003조 제2항이 입법형성의 재량의 범위를 일탈하여 행복추구권이나 재산권보장 등에 관한 헌법규정에 위배되는 것이라고 할 수 없다.

원래 대습상속제도는 대습자의 상속에 대한 기대를 보호함으로써 공평을 꾀하고 생존 배우자의 생계를 보장하여 주려는 것이고, 또한 동시사망 추정규정도 자연과학적으로 엄밀한 의미의 동시사망은 상상하기 어려운 것이나 사망의 선후를 입증할 수 없는 경우 동시에 사망한 것으로 다루는 것이 결과에 있어 가장 공평하고 합리적이라는 데에 그 입법 취지가 있는 것인바, 상속인이 될 직계비속이나 형제자매(피대습자)의 직계비속 또는 배우자(대습자)는 피대습자가 상속개시 전에 사망한 경우에는 대습상속을 하고, 피대습자가 상속개시 후에 사망한 경우에는 피대습자를 거쳐 피상속인의 재산을 본위상속을 하므로 두 경우 모두 상속을 하는데, 만일 피대습자가 피상속인의 사망, 즉 상속개시와 동시에 사망한 것으로 추정되는 경우에만 그 직계비속 또는 배우자가 본위상속과 대습상속의 어느 쪽도 하지 못하게 된다면 동시사망 추정 이외의 경우에 비하여 현저히 불공평하고 불합리한 것이라 할 것이고, 이는 앞서 본 대습상속제도 및 동시사망 추정규정의 입법 취지에도 반하는 것이므로, 민법제1001조의 '상속인이 될 직계비속이 상속개시 전에 사망한 경우'에는 '상속인이 될 직계비속이 상속개시와 동시에 사망한 것으로 추정되는 경우'도 포함하는 것으로 합목적적으로 해석함이 상당하다.

피상속인의 자녀가 상속개시 전에 전부 사망한 경우 피상속인의 손자녀는 본위상속이 아니라 대습상속을 한다(대법원 2001.3.9., 99다13157 판결).

5. 특별연고자에 의한 상속재산 분여청구권

상속권을 주장하는 자가 없는 때에는 특별연고자에 의한 상속재산의 분여청구가 인정된다(민법 제1057조의2). 이 제도는 상속인의 근친이면서도 법정상속인이 아니기 때문에 상속을 받을 수 없는 사실혼 배우자나 사실상의 양자, 그리고 피상속인을 특별히 요양간호한 자 등에게 재산상의 이득을 주기 위하여 채택되었다. 따라서 가정법원은 피상속인과 생계를 같이하고 있던 자, 피상속인의 요양간호를 한 자, 기타 피상속인과 특별한 연고가 있던 자의 청구에 의하여 상속재산의 전부 또는 일부를 분여할 수 있게 되었다.

6. 상속재산의 국고귀속

특별연고자에 의한 상속재산의 분여청구도 없는 경우 상속재산은 국고에 귀속된다(민법 제1058조).

7. 상속의 효과

(1) 일반적 효과

상속인은 상속이 개시된 때부터 피상속인의 일신에 전속한 것을 제외하고 그 재산에 관한 포괄적인 권리의무를 승계한다(민법 제1005조). 피상속인의 사망으로 인하여 상속인은 피상속인의 재산에 속한 모든 권리의무를 포괄적 일체로서 당연히 상속한다. 그러므로 상속을 포기하지 않는 한 상속재산에 관한 재산권적 권리는 물론, 채무까지도 승계하게 된다.

(2) 공동상속

상속인이 여러 명인 경우 또는 상속인과 포괄적 수증자가 함께 있는 경우, 그들은 공동상속인이 된다. 따라서 상속재산이 그들에게 분할되기까지 상속재산은 그들의 공유에 속하게 된다(민법 제1006조). 또한 공동상속인은 각자의 상속분에 따라서 피상속인의 권리의무를 승계한다(민법 제1007조).

(3) 상 속 분

피상속인은 유언에 의하여 상속분을 자유로이 지정할 수 있다. 그러나 유류분에 반하는 지정은 할 수 없다. 피상속인이 공동상속인의 상속분을 지정하지 않은 경우, 그들의 상속분은 법정상속분에 따른다.

(4) 법정상속분

(가) 동순위의 상속인 간의 상속분

동순위 상속인이 여러 명인 경우에 그들의 상속분은 균분으로 한다(민법 제1009조 제1항). 종래에는 상속분이 차등적이었으나, 1990년 개정된 민법은 이른바 균분상속주의를 채택하여 남자 · 여자, 기혼녀 · 미혼녀에 상관없이 상속분은 일률적으로 균등한 것이 되었다.

(나) 배우자의 상속분

배우자의 상속분은 직계비속과 공동으로 상속하는 때에는 직계비속의 상속분의 5할을 가산하고 직계존속과 공동으로 상속하는 때에는 직계존속의 상속분의 5할을 가산한다(민법 제1009조 제2항). 종래 아내에게만 인정되었던 상속분의 가산이 1990년 개정된 민법에서 남편에게도 인정됨으로써 부부가 평등하게 상속분에 있어서 다른 공동상속인에 비하여 우대받게 되었다.

(다) 대습상속인의 상속분

대습상속인의 상속분은 사망 또는 결격된 자의 상속분에 의한다. 피대습상속인의 직계비속이 여러 명인 경우, 그들의 상속분은 피대습상속인의 상속분의 한도에서 법정상속분에 의하여 정하며 배우자의 경우도 같다(민법 제1010조).

(라) 특별수익자의 상속분

공동상속인 중에 피상속인으로부터 재산의 증여 또는 유증을 받은 자가 있는 경우에 그 수증재산이 자기의 상속분에 달하지 못한 때에는 그 부족한 부분의 한도에서 상속분이 인정된다(민법 제1008조). 만일 이러한 증여 또는 유증의 가액을 고려하지 않고 상속분을 산정하면 다른 상속인과의 관계에서 불공평한 결과가 발생하고 또한 피상속인의 의사에도 반하기 때문이다.

(마) 기 여 분

공동상속인 중에 피상속인의 재산의 유지 또는 증가에 관하여 특별히 기여하거나 특별히 부양한 자가 있을 때에는 이들의 상속분은 다르게 산정한다. 즉 상속개시 당시의 피상속인의 재산의 가액에서 공동상속인의 협의로 정한 그 자의 기여분을 공제한 것을 상속재산으로 보고, 제1009조 및 제1010조에 의하여 산정한 상속분에 기여분을 가산한 액수로써 그 자의 상속분으로 한다(민법 제1008조의 2). 이와 같이 그 기여액을 가산하여 기여자의 상속분으로 정하는 것은 공동상속인 간의 형평을 기하기 위하여 인정된 제도이다. 그러나 공동상속인 간에 기여액의 산정에 관한 협의가 되지 않거나 협의를 할 수 없는 때에는 기여자의 청구에 의하여 가정법원이 기여의 시기 · 방법 및 정도와 상속재산의 액 기타의 사정을 참작하여 기여분을 정한다.

| 관련판례 |

피상속인의 배우자가 장기간 피상속인과 동거하면서 피상속인을 간호한 경우, 그 배우자에게 민법 제1008조의2에 따른 기여분을 인정할 것인지 여부와 그 정도를 판단하는 기준에 관한 판례

배우자가 장기간 피상속인과 동거하면서 피상속인을 간호한 경우, 민법 제1008조의2의 해석상 가정법원은 배우자의 동거 · 간호가 부부 사이의 제1차 부양의무 이행을 넘어서 '특별한 부양'에 이르는지 여부와 더불어 동거 · 간호의 시기와 방법 및 정도뿐 아니라 동거 · 간호에 따른 부양비용의 부담 주체, 상속재산의 규모와 배우자에 대한 특별수익액, 다른 공동상속인의 숫자와 배우자의 법정상속분 등 일체의 사정을 종합적으로 고려하여 공동상속인들 사이의 실질적 공평을 도모하기 위하여 배우자의 상속분을 조정할 필요성이 인정되는지 여부를 가려서 기여분

인정 여부와 그 정도를 판단하여야 한다.
배우자의 장기간 동거 · 간호에 따른 무형의 기여행위를 기여분을 인정하는 요소 중 하나로 적극적으로 고려할 수 있다. 다만 이러한 배우자에게 기여분을 인정하기 위해서는 앞서 본 바와 같은 일체의 사정을 종합적으로 고려하여 공동상속인들 사이의 실질적 공평을 도모하기 위하여 배우자의 상속분을 조정할 필요성이 인정되어야 한다(대법원 2019.11.21, 자, 2014스44,45 전원합의체 결정).

8. 상속재산의 분할

공동상속인은 유언에 의한 분할방법의 지정이 없거나 분할금지가 없는 한(민법 제1012조), 분할요건이 갖추어지면 언제든지 협의에 의하여 상속재산을 분할할 수 있다. 그러나 협의가 성립되지 않은 때에는 각 공동상속인은 가정법원에 분할을 청구할 수 있다(민법 제1013조).

| 관련판례 |

상속재산의 협의분할에 공동상속인 전원이 참여하여야 하는지 여부 및 순차적으로 이루어진 상속재산 협의분할의 효력에 관한 판례

상속재산의 협의분할은 공동상속인 간의 일종의 계약으로서 공동상속인 전원이 참여하여야 하고 일부 상속인만으로 한 협의분할은 무효라고 할 것이나, 반드시 한 자리에서 이루어질 필요는 없고 순차적으로 이루어질 수도 있으며, 상속인 중 한 사람이 만든 분할 원안을 다른 상속인이 후에 돌아가며 승인하여도 무방하다(대법원 2010.2.25, 2008다96963,96970 판결).

9. 상속의 승인과 포기

(1) 의 의

상속의 개시와 더불어 피상속인의 재산상의 권리의무는 당연히 상속인에게 귀속된다. 그러나 승계되는 권리의무의 내용 여하에 따라서 상속인에게 미치는 이해관계는 대단히 중요한 것이 될 수 있다. 그러므로 상속인에게 상속 포기 및 승인의 권한을 부여하여 의사표시를 할 수 있도록 한 것이다. 승인이나 포기 어느 쪽을 선

택한 후에는 변경할 수 없고, 무조건·무기한으로 상속전부에 대해 한다.

(2) 단순승인

단순승인이란 피상속인의 권리의무를 무제한·무조건으로 승계하는 상속형태 또는 이것을 승인하는 상속방법을 말한다(민법 제1025조). 민법 제1026조에 규정되어 있는 사유에 해당하는 경우에는 상속인이 단순승인을 한 것으로 보는 법정단순승인도 있다.

| 관련판례 |

상속인이 가정법원에 상속포기의 신고를 하였으나 이를 수리하는 심판이 고지되기 전에 상속재산을 처분한 경우, 민법 제1026조 제1호에 따라 상속의 단순승인을 한 것으로 보아야 하는지 여부에 관한 판례

민법 제1026조 제1호는 상속인이 상속재산에 대한 처분행위를 한 때에는 단순승인을 한 것으로 본다고 규정하고 있다. 그런데 상속의 한정승인이나 포기의 효력이 생긴 이후에는 더 이상 단순승인으로 간주할 여지가 없으므로, 이 규정은 한정승인이나 포기의 효력이 생기기 전에 상속재산을 처분한 경우에만 적용된다. 한편 상속의 한정승인이나 포기는 상속인의 의사표시만으로 효력이 발생하는 것이 아니라 가정법원에 신고를 하여 가정법원의 심판을 받아야 하며, 심판은 당사자가 이를 고지 받음으로써 효력이 발생한다. 이는 한정승인이나 포기의 의사표시의 존재를 명확히 하여 상속으로 인한 법률관계가 획일적으로 처리되도록 함으로써, 상속재산에 이해관계를 가지는 공동상속인이나 차순위 상속인, 상속채권자, 상속재산의 처분 상대방 등 제3자의 신뢰를 보호하고 법적 안정성을 도모하고자 하는 것이다. 따라서 상속인이 가정법원에 상속포기의 신고를 하였더라도 이를 수리하는 가정법원의 심판이 고지되기 이전에 상속재산을 처분하였다면, 이는 상속포기의 효력 발생 전에 처분행위를 한 것이므로 민법 제1026조 제1호에 따라 상속의 단순승인을 한 것으로 보아야 한다(대법원 2016.12.29, 2013다73520 판결).

(3) 한정승인

한정승인이란 상속인이 상속으로 인하여 얻은 재산의 한도 내에서 피상속인의 채무와 유증을 변제하는 상속을 승인하는 것을 말한다(민법 제1028조). 즉 상속에 의하여 얻은 재산의 한도에서만 책임을 진다는 것이다. 한편 상속인이 한정승인을 한 때에는 피상속인에 대한 상속인의 재산상 권리의무는 소멸하지 않는다(민법 제1031조). 그러므로 상속의 한정승인은 상속의 포기와 달리 상속채무를 모두 갚고도 남는 재산이 있는 경우에는 상속받을 수도 있다.

(4) 상속의 포기

상속의 포기란 상속의 개시로 인하여 불확실하긴 하나 일단 당연히 상속인을 위하여 생긴 상속의 효력을 부인하는 것이다. 즉 피상속인의 재산에 속한 모든 권리의무가 상속인 자기에게로 이전되는 상속의 효력을 소멸시키는 의사표시를 말한다. 주의할 것은 우선순위의 상속권자가 상속포기를 하면 그 다음 순위 상속권에게 상속되므로, 가족 모두가 상속포기를 하려면 상속권자 모두가 함께 상속포기를 하여야 한다.

10. 상속회복청구권

상속회복청구권이란 상속권이 없으면서도 사실상 상속의 효과를 보유한 사람(참칭상속인)에 대하여 진정한 상속인이 상속의 효과를 회복할 것을 청구하는 권리이다(민법 제999조).

진정한 상속인이 그 상속권의 내용의 실현을 방해하고 있는 자에 대하여 상속권을 주장함으로써 그 방해를 배제하고 상속권의 내용을 실현하는 것을 목적으로 한다. 즉 적극적으로 자기의 상속재산을 회복하기 위해 특정 상대방에게 상속재산을 반환하도록 청구하는 권리이다.

상속회복청구권자는 상속권자와 법정대리인이며, 상속권이 침해받았을 때 소를 제기할 수 있다(민법 제999조 제1항). 청구권의 상대방은 참칭상속인과 단순한 점유자, 다른 상속인의 상속분을 침해하는 공동상속인, 참칭상속인으로부터 상속재산을 취득한 제3자이다. 제3자의 경우, 동산이나 유가증권은 선의의 취득으로 간주하여 소유권을 보호받지만, 부동산은 등기에 공신력이 없으므로 반환을 거부할 수 없다.

이 권리가 존속하는 제척기간은 상속권의 침해를 안 날부터 3년, 상속권의 침해행위가 있은 날부터 10년이다(민법 제999조 제2항). 제척기간이 지나면 참칭상속인이 상속인의 지위를 갖는다.

II. 유 류 분

1. 유류분의 의의

유류분이란 일정한 상속인을 위해 법률상 유보된 상속재산의 일정부분을 말한다. 물론 상속인은 이 권리를 포기할 수 있다.

유류분제도는 피상속인이 유언(또는 증여)에 의하여 재산을 자유로이 처분할 수 있지만, 일정한 범위의 유족에게 일정액을 유보해 두지 않으면 안 되며, 그 한도를 넘는 유증이나 증여가 있을 때 그 상속인은 반환을 청구할 수 있게 한 제도이다. 즉 사람이 생전에 자기의 재산을 자유로이 처분할 수 있는 것과 같이 유언으로써 재산을 처분(유증)하는 것도 자유여야겠지만, 사망자 근친자(상속인)의 생계도 고려함이 없이 사망 직전에 모두 타인에게 유증하는 처분 행위는 바람직하지 못하므로 일정비율의 재산을 근친자를 위하여 남기도록 하는 것이 이 제도의 취지이다. 1977년의 민법 개정으로 이 제도를 신설하였다.

2. 유류분 권리자와 비율

유류분의 권리자는 피상속인의 직계비속·배우자·직계존속·형제자매 등 근친자에 한하며, 모든 상속순위자에게 인정되는 것이 아니다(민법 제1000조~제1003조·제1112조). 그 유류분의 비율도 상속순위에 따라 차이가 있다. 유류분은 태아에 대하여서도 인정되며, 대습상속인도 피대습자의 상속분의 범위 내에서 유류분을 가진다(1118조).

유류분권을 행사할 수 있는 자는 재산상속의 순위상 상속권이 있는 자이어야 하므로, 제1순위상속인인 직계비속이 있는 경우에는 제2순위상속인인 직계존속은 유류분권이 인정되지 않는다. 유류분의 비율은 직계비속과 배우자는 그 법정상속분의 1/2, 직계존속과 형제자매는 그 1/3이다(민법 제1112조).

3. 유류분의 산정

유류분은 피상속인이 상속 개시시에 가진 재산의 가액에 증여 재산의 가액을 가산하고, 채무의 전액을 공제하여 이를 산정한다. 조건부권리 또는 존속기간이 불확정한 권리는 가정법원이 선임한 감정인의 평가에 의하여 그 가격을 정한다(민법 제1113조).

증여는 상속개시 전의 1년간에 행한 것에 한하여 그 가액을 산정하며, 당사자 쌍방이 유류분권리자에 손해를 가할 것을 알고 증여를 한 때에는 1년 전에 한 것도 합산한다(민법 제1114조).

4. 유류분의 보전

유류분을 침해하는 증여 또는 유증으로 유류분권리자의 유류분에 부족이 생긴 경우에는, 그 부족의 한도에서 유류분권리자는 그 재산의 반환을 청구할 수 있다. 증여 및 유증을 받은 자가 수인인 때에는 각자가 얻은 유증가액의 비례로 반환하여야 하나, 증여에 대하여는 유증을 반환받은 후가 아니면 이를 청구할 수 없다(민법 제1115조 · 제1116조). 이 청구권은 상속의 개시와 반환하여야 할 증여 또는 유증을 한 사실을 안 때로부터 1년, 상속개시시부터 10년이 경과하면 시효로 소멸한다(민법 제1117조).

<요 약>

1. 상　　속

(1) 상　속

사람의 사망으로 인한 재산상 법률관계의 포괄적 승계를 말한다. 상속은 피상속인의 사망에 의해 개시되며(민법 제997조), 피상속인의 주소지에서 개시된다(민법 제998조).

(2) 상속의 유형

지정상속과 법정상속

(3) 상속의 순위

① 제1순위의 상속인은 피상속인의 직계비속

② 제2순위의 상속인은 피상속인의 직계존속

③ 제3순위는 피상속인의 형제자매

④ 제4순위는 4촌 이내의 방계혈족

위에서 같은 순위의 상속인이 여러 명일 경우에는 공동상속인이 되며 촌수가 다른 경우에는 최근친이 우선

⑤ 배우자의 상속순위는 직계비속이 있는 경우, 그들과 공동상속하게 되고 직계비속이 없으면 직계존속과 공동상속인이 되며 직계존속도 없는 경우에는 단독상속

(4) 대습상속

상속인이 될 직계비속 또는 형제자매가 상속개시 전에 사망하거나 결격자가 된 경우에 그 직계비속이 있는 때에는 이들이 사망하거나 결격된 자의 순위에 갈음하여 상속하게 되는 것

(5) 상속의 효과

① 일반적 효과 : 상속인은 상속이 개시된 때부터 피상속인의 일신에 전속한 것을 제외하고 그 재산에 관한 포괄적인 권리의무를 승계

② 공동상속 : 상속인이 여러 명인 경우 또는 상속인과 포괄적 수증자가 함께 있는 경우, 그들은 공동상속인이 된다.

③ 상속분 : 피상속인은 유언에 의하여 상속분을 자유로이 지정할 수 있으나 유류분에 반하는 지정은 할 수 없고 피상속인이 공동상속인의 상속분을 지정하지 않은 경우에는 그들의 상속분은 법정상속분에 따른다.

(6) 법정상속분

① 동순위의 상속인 간의 상속분 : 동순위 상속인이 여러 명인 경우에 그들의 상속분은 균분

② 배우자의 상속분 : 배우자의 상속분은 직계비속과 공동으로 상속하는 때에는 직계비속의 상속분의 5할을 가산, 직계존속과 공동으로 상속하는 때에는 직계존속의 상속분의 5할을 가산

③ 기여분 : 공동상속인 중에 피상속인의 재산의 유지 또는 증가에 관하여 특별히 기여하거나 특별히 부양한 자가 있을 때에는 이들의 상속분은 다르게 산정

(7) 상속재산의 분할

공동상속인은 유언에 의한 분할방법의 지정이 없거나 분할금지가 없는 한 분할요건이 갖추어지면 언제든지 협의에 의하여 상속재산을 분할할 수 있으며 협의가 성립되지 않은 때에는 각 공동상속인은 가정법원에 분할을 청구할 수 있다.

(8) 상속의 승인과 포기

① 단순승인 : 피상속인의 권리의무를 무제한 · 무조건으로 승계하는 상속형

태 또는 이것을 승인하는 상속방법

② 한정승인 : 상속인이 상속으로 인하여 얻은 재산의 한도 내에서 피상속인의 채무와 유증을 변제하는 상속을 승인하는 것

③ 상속의 포기 : 상속의 개시로 인하여 불확실하긴 하나 일단 당연히 상속인을 위하여 생긴 상속의 효력을 부인하는 것

(9) 상속회복청구권

상속권이 없으면서도 사실상 상속의 효과를 보유한 사람(참칭상속인)에 대하여 진정한 상속인이 상속의 효과를 회복할 것을 청구하는 권리

2. 유 류 분

① 유류분 : 일정한 상속인을 위해 법률상 유보된 상속재산의 일정부분

② 유류분의 권리자 : 피상속인의 직계비속 · 배우자 · 직계존속 · 형제자매

③ 유류분의 비율 : 직계비속과 배우자는 그 법정상속분의 1/2, 직계존속과 형제자매는 그 1/3

제 7 장

유언의 이해

제7장 유언의 이해

Ⅰ. 유언의 의의

유언이란 유언자의 사망과 동시에 일정한 효과를 발생시키는 것을 목적으로 일정한 방식에 따라서 일정한 법률사항에 대하여 하는 상대방이 없는 단독행위를 말한다. 사유재산제도에 입각한 재산처분의 자유의 한 형태로서 사람이 생전뿐 아니라 유언에 의하여 사후의 법률관계(주로 재산관계)까지 지배하는 것을 인정한 것이다.

Ⅱ. 유언능력

유언도 의사표시이기 때문에 유언을 하려면 의사능력이 있어야 한다.

만17세에 달하지 못한 자는 유언을 하지 못하므로(민법 제1061조), 만17세 미만자의 유언은 무효이다.

피성년후견인은 일시적으로라도 의사능력이 회복되어 있는 때에는 유효하게 유언할 수 있으며, 다만 이때 의사가 심신회복의 상태를 유언서에 부기, 서명날인 하여야 한다(민법 제1063조).

한편, 피한정후견인은 유언에 관하여 제한이 없는 유언능력자이므로 의사능력만 있으면 단독으로 유언을 할 수 있다. 한정후견인의 동의유보가 있더라도 피한정후견인은 유언을 할 수 있으므로 그에 관하여 유증을 하는 것이 가능하며, 이에 대해 한정후견인의 동의가 없음을 이유로 유언을 취소할 수 없다.

그리고 유언 당시 유언능력이 있으면 유언 후에 유언능력을 상실해도 유언은 유효하나, 유언 당시 유언능력이 없는 자가 한 유언은 후에 추인하더라도 유효로 되지 않으므로 별도로 유언을 다시 해야 한다.

Ⅲ. 유언사항

유언사항은 민법에 규정되어 있어, 이에 대하여 유언을 하여야만 법적으로 효력이 발생한다.

민법이 규정하고 있는 유언사항으로는 ① 재단법인의 설립(민법 제47조 제2항), ② 친생부인(민법 제850조), ③ 인지(민법 제859조 제2항), ④ 미성년자의 후견인 지정(민법 제931조), ⑤ 상속재산분할방법의 지정 또는 위탁(민법 제1012조 전단), ⑥ 상속재산분할금지(민법 제1012조 후단), ⑦ 유증(민법 제1074~1090조), ⑧ 유언집행자의 지정 또는 위탁(민법 제1093조)이 있다.

Ⅳ. 유언의 방식

유언은 본인의 최종의사인가를 명확히 해 둘 필요에서도 엄격한 방식이 요구된다(민법 제1060조). 일단 한 유언도 자유로이 철회할 수 있고, 이 철회권을 포기하지 못하게 되어 있다(민법 제1108조). 민법은 유언의 해석에 관하여도 엄격한 기준을 정하고 있다. 즉 전후의 유언이 저촉되거나 유언 후의 생전행위가 유언과 저촉되는 경우에는 그 저촉된 부분의 전에 한 유언은 이를 철회한 것으로 본다(민법 제1109조), 유언의 목적이 된 권리가 유언자의 사망 당시에 상속재산에 속하지 아니한 때에는 유언은 그 효력의 없다(민법 제1087조 제1항 본문)는 등의 규정이 그것이다. 그러나 유언이 임종 때에 행하여지는 것이 많은 우리나라의 실정에서 본다면 내용이 불명확한 경우도 적지 않다.

유언은 유언자가 죽은 뒤에 문제가 되므로 본인의 진의를 확인할 기회가 없고, 주어진 효력에 이의를 제기할 수도 없다. 따라서 민법은 유언의 방식을 엄격히 정하여, 그에 따르지 않은 유언은 무효로 하고 있다.

1. 자필증서에 의한 유언

유언자가 그 전문(全文)과 연월일 · 성명을 스스로 쓰고 날인하여야 한다. 글자를 삽입 · 변경 · 삭제함에는 유언자가 이를 자서하고 날인하여야 한다(민법 제1066조).

| 관련판례 1 |

봉투에 유언자의 주소를 자서하고 유언 전문 말미에 무인으로 날인하였으며, 오기 부분을 정정하면서 날인하지 아니한 자필증서에 의한 유언이 유효하다고 본 사례 및 민법 제1091조 제1항, 제1092조 소정의 검인 · 개봉절차를 거치지 아니한 유언증서의 효력에 관한 판례

자필증서에 의한 유언은 유언자가 그 전문과 연월일, 주소, 성명을 자서하고 날인하여야 하는바(민법 제1066조 제1항), 유언자의 주소는 반드시 유언 전문과 동일한 지편에 기재하여야 하는 것은 아니고, 유언증서로서 일체성이 인정되는 이상 그 전문을 담은 봉투에 기재하더라도 무방하며, 그 날인은 무인에 의한 경우에도 유효하고, 유언증서에 문자의 삽입, 삭제 또는 변경을 함에는 유언자가 이를 자서하고 날인하여야 하나(민법 제1066조 제2항), 증서의 기재 자체로 보아 명백한 오기를 정정함에 지나지 아니하는 경우에는 그 정정 부분에 날인을 하지 않았다고 하더라도 그 효력에는 영향이 없다.

민법 제1091조 제1항에 규정된 유언증서에 대한 법원의 검인은 유언의 방식에 관한 사실을 조사함으로써 위조 · 변조를 방지하고 그 보존을 확실히 하기 위한 절차에 불과할 뿐 유언증서의 효력 여부를 심판하는 절차가 아니고, 민법 제1092조는 봉인된 유언증서를 검인하는 경우 그 개봉 절차를 규정한 데 불과하므로, 적법한 유언증서는 유언자의 사망에 의하여 곧바로 그 효력이 발생하고 검인이나 개봉 절차의 유무에 의하여 그 효력에 영향을 받지 않는다(대법원 1998.5.29, 97다38503 판결).

| 관련판례 2 |

연월(年月)만 기재하고 일(日)의 기재가 없는 자필유언증서의 효력에 관한 판례

민법 제1066조 제1항은 "자필증서에 의한 유언은 유언자가 그 전문과 연월일, 주소, 성명을 자서하고 날인하여야 한다"고 규정하고 있으므로, 연월일의 기재가 없는 자필유언증서는 효력이 없다. 그리고 자필유언증서의 연월일은 이를 작성한 날로서 유언능력의 유무를 판단하거나 다른 유언증서와 사이에 유언 성립의 선후를 결정하는 기준일이 되므로 그 작성일을 특정할 수 있게 기재하여야 한다. 따라서 연·월만 기재하고 일의 기재가 없는 자필유언증서는 그 작성일을 특정할 수 없으므로 효력이 없다(대법원 2009.5.14, 2009다9768 판결).

| 관련판례 3 |

유언집행자가 자필 유언증서상 유언자의 자서와 날인의 진정성을 다투는 상속인들에 대하여 '유언 내용에 따른 등기신청에 이의가 없다'는 진술을 구하는 소의 적법 여부에 관한 판례

유언집행자가 자필 유언증서상 유언자의 자서와 날인의 진정성을 다투는 상속인들에 대하여 "유언 내용에 따른 등기신청에 이의가 없다"는 진술을 구하는 소는, 등기관이 자필 유언증서상 유언자의 자서 및 날인의 진정성에 관하여 심사하는 데 필요한 증명자료를 소로써 구하는 것에 불과하고, 민법 제389조 제2항에서 규정하는 "채무가 법률행위를 목적으로 한 때에 채무자의 의사표시에 갈음할 재판을 청구하는 경우"에 해당한다고 볼 수 없다. 따라서 위와 같은 소는 권리보호의 이익이 없어 부적법하다. 또한, 유언집행자가 제기한 위와 같은 소를 유증을 원인으로 하는 소유권이전등기에 대하여 상속인들의 승낙을 구하는 것으로 본다 하더라도, 포괄유증의 성립이나 효력발생에 상속인들의 승낙은 불필요하고, 부동산등기법 관련 법령에서 유증을 원인으로 하는 소유권이전등기에 대하여 상속인들의 승낙이 필요하다는 규정을 두고 있지도 아니하므로, 이는 부동산등기법 관련 법령에 따라 유증을 원인으로 하는 소유권이전등기를 마치는 데 있어 필요하지 아니한 제3자의 승낙을 소구하는 것에 불과하여 권리보호의 이익이 없어서 역시 부적법하다(대법원 2014.2.13, 2011다74277 판결).

2. 녹음에 의한 유언

유언자가 유언의 취지 및 성명과 연월일을 구술하고, 이에 참여한 증인이 유언

의 정확함과 그 성명을 구술하여야 한다(민법 제1067조). 미성년자 · 피성년후견인 · 피한정후견인, 유언으로 이익을 받을 자 및 그 배우자와 직계혈족 등은 유언에 참여하는 증인이 될 수 없다(민법 제1072조 제1항).

3. 공정증서에 의한 유언

유언자가 증인 2인이 참여한 공증인의 면전에서 유언의 취지를 구수(口授)하고, 공증인이 이를 필기 · 낭독하여 유언자와 증인이 그 정확함을 승인한 후 각자 서명 또는 기명날인하여야 한다(민법 제1068조). 공증인법에 의한 결격자는 이 유언의 증인이 되지 못한다(민법 제1072조 제2항).

| 관련판례 |

공정증서에 의한 유언에서 '유언취지의 구수'의 의미와 판단 방법 및 유언취지를 미리 적어 작성한 서면에 따라 유언자에게 질문을 하고 유언자가 이에 답변한 경우에 민법 제1068조에서 정한 '유언취지의 구수'의 요건을 갖춘 것인지 여부에 관한 판례

민법 제1068조에 정한 공정증서에 의한 유언은 유언자가 증인 2인이 참여한 공증인의 면전에서 유언의 취지를 구수하고 공증인이 이를 필기 낭독하여 유언자와 증인이 그 정확함을 승인한 후 각자 서명 또는 기명날인하여야 하는 것인바, 여기서 '유언취지의 구수'라고 함은 말로써 유언의 내용을 상대방에게 전달하는 것을 뜻하는 것으로서 이를 엄격하게 제한 해석하는 것이 원칙이므로 어떠한 형태이든 유언자의 구수는 존재하여야 하나, 실질적으로 구수가 이루어졌다고 보기 위하여 어느 정도의 진술이 필요한지는 획일적으로 정하기 어렵고 구체적인 사안에 따라 판단하여야 한다.

제3자에 의하여 미리 작성된 유언의 취지가 적혀 있는 서면에 따라 유언자에게 질문을 하고 유언자가 동작이나 한두 마디의 간략한 답변으로 긍정하는 경우에는 원칙적으로 민법 제1068조에 정한 '유언취지의 구수'라고 보기 어렵지만, 공증인이 사전에 전달받은 유언자의 의사에 따라 유언의 취지를 작성한 다음 그 서면에 따라 유증 대상과 수증자에 관하여 유언자에게 질문을 하고 이에 대하여 유언자가 한 답변을 통하여 유언자의 의사를 구체적으로 확인할 수 있어 그 답변이 실질적으로 유언의 취지를 진술한 것이나 마찬가지로 볼 수 있고, 유언자의 의사능력이나 유언의 내용, 유언의 전체 경위 등으로 보아 그 답변을 통하여 인정되는 유언취지가 유언자의 진정한 의사에 기한 것으로 인정할 수 있는 경우에는, 유언취지의 구수 요건을 갖추었다고 볼 수 있다(대법원 2008.2.28, 2005다75019,75026 판결).

4. 비밀증서에 의한 유언

유언자가 필자의 성명을 기입한 증서를 엄봉 · 날인하고, 이를 2인 이상의 증인 면전에 제출하여 자기의 유언서임을 표시한 뒤, 그 봉서표면에 제출 연월일을 기재하고 유언자와 증인이 각자 서명 또는 기명날인하여야 한다. 이 유언봉서는 그 표면에 기재된 날로부터 5일 내에 공증인 또는 법원서기에게 제출하여, 그 봉인 위에 확정일자인을 받아야 한다(민법 제1069조). 이 유언의 방법에 흠결이 있는 경우에, 그 증서가 자필증서의 방식에 적합한 때에는 자필증서에 의한 유언으로 본다(민법 제1071조).

5. 구수증서에 의한 유언

질병, 기타 급박한 사유로 위의 4가지 방식에 의할 수 없는 경우에, 유언자가 2인 이상 증인의 참여로 그 1인에게 유언의 취지를 구수하고, 그 구수를 받은 자가 이를 필기 · 낭독하여 유언자와 증인이 그 정확함을 승인한 후, 각자 서명 또는 기명날인하여야 한다. 이 유언은 증인 또는 이해관계인이 급박한 사유의 종료일로부터 7일 내에 법원에 그 검인을 신청하여야 한다. 이 유언에는 피성년후견인의 의사능력이 회복된 상태를 의사가 유언서에 부기할 필요는 없다(민법 제1070조).

| 관련판례 |

자필증서 · 녹음 · 공정증서 및 비밀증서의 방식에 의한 유언이 객관적으로 가능한 경우, 구수증서에 의한 유언의 허용 여부에 관한 판례

민법 제1065조 내지 제1070조가 유언의 방식을 엄격하게 규정한 것은 유언자의 진의를 명확히 하고 그로 인한 법적 분쟁과 혼란을 예방하기 위한 것이므로, 법정된 요건과 방식에 어긋난 유언은 그것이 유언자의 진정한 의사에 합치하더라도 무효라고 하지 않을 수 없는바, 민법 제1070조 제1항이 구수증서에 의한 유언은 질병 기타 급박한 사유로 인하여 민법 제1066조 내지 제1069조 소정의 자필증서, 녹음, 공정증서 및 비밀증서의 방식에 의하여 할 수 없는 경우에 허용되는 것으로 규정하고 있는 이상, 유언자가 질병 기타 급박한 사유에 있는지 여부를 판단함에 있어서는 유언자의 진의를 존중하기 위하여 유언자의 주관적 입장을 고려할 필요가 있을지 모르지만, 자필증서, 녹음, 공정증서 및 비밀증서의 방식에 의한 유언이 객관적으로 가능한 경우까지 구수증서에 의한 유언을 허용하여야 하는 것은 아니다(대법원 1999.9.3, 98다17800 판결).

Ⅴ. 유언의 효력

유언은 원칙적으로 유언자가 사망한 때로부터 그 효력이 생긴다. 따라서 유언에 의하여 이익을 받는 자도 유언자가 사망할 때까지는 아무런 권리도 취득하지 못한다. 또 상대방 없는 의사표시라는 유언의 성질상 유언자가 사망하였을 때 특별한 조치 없이 바로 효력이 생긴다.

유언에 정지조건이 있는 경우에는 그 조건이 유언자의 사망 후에 성취한 때에는 그 조건이 성취한 때로부터 그 효력이 생기나, 유언자가 유언 중에서 그 효력을 사망시에 소급시키는 것은 무방하다(민법 제1073조 제2항 · 제147조 제3항). 해제조건이 있는 유언의 경우에도 이에 준하여 해결된다.

<요 약>

(1) 유언이란 유언자의 사망과 동시에 일정한 효과를 발생시키는 것을 목적으로 일정한 방식에 따라서 일정한 법률사항에 대하여 하는 상대방이 없는 단독행위를 말한다.

(2) 유언능력

유언도 의사표시이기 때문에 유언을 하려면 의사능력이 있어야 하며, 만17세에 달하지 못한 자는 유언을 하지 못한다.

(3) 민법이 규정하고 있는 유언사항

① 재단법인의 설립, ② 친생부인, ③ 인지, ④ 미성년자의 후견인 지정, ⑤ 상속

재산분할방법의 지정 또는 위탁, ⑥ 상속재산분할금지, ⑦ 유증, ⑧ 유언집행자의 지정 또는 위탁

(4) 유언의 방식

① 자필증서에 의한 유언 : 유언자가 그 전문(全文)과 연월일 · 성명을 스스로 쓰고 날인하는 유언

② 녹음에 의한 유언 : 유언자가 유언의 취지 및 성명과 연월일을 구술하고, 이에 참여한 증인이 유언의 정확함과 그 성명을 구술하는 유언

③ 공정증서에 의한 유언 : 유언자가 증인 2인이 참여한 공증인의 면전에서 유언의 취지를 구수(口授)하고, 공증인이 이를 필기 · 낭독하여 유언자와 증인이 그 정확함을 승인한 후 각자 서명 또는 기명날인하는 유언

④ 비밀증서에 의한 유언 : 유언자가 필자의 성명을 기입한 증서를 엄봉 · 날인하고, 이를 2인 이상의 증인 면전에 제출하여 자기의 유언서임을 표시한 뒤, 그 봉서표면에 제출 연월일을 기재하고 유언자와 증인이 각자 서명 또는 기명날인하는 유언

⑤ 구수증서에 의한 유언 : 질병, 기타 급박한 사유로 위의 4가지 방식에 의할 수 없는 경우에, 유언자가 2인 이상 증인의 참여로 그 1인에게 유언의 취지를 구수하고, 그 구수를 받은 자가 이를 필기 · 낭독하여 유언자와 증인이 그 정확함을 승인한 후, 각자 서명 또는 기명날인하는 유언

제 8 장

대리제도의 이해

제8장 대리제도의 이해

Ⅰ. 대리의 의의

타인(대리인)이 본인의 이름으로 제3자(상대방)에게 의사표시를 하거나 또는 제3자로부터 의사표시를 수령하여 그 법률효과를 직접 본인에게 귀속시키는 제도가 대리이다.

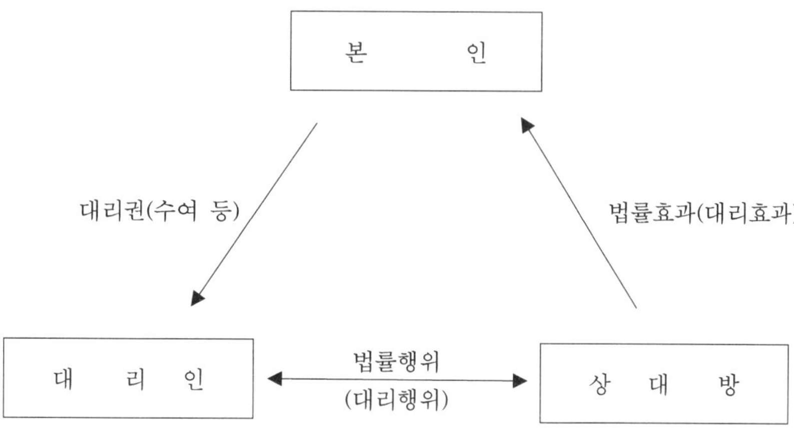

〈그림 1〉

대리제도에서는 본인, 대리인과 상대방의 3인이 등장하므로 필연적으로 3면의 법률관계가 발생하는데, 이를 대리의 3면관계라 한다.

첫째, 본인과 대리인 사이의 관계에서 대리권이 발생하는데, 대리권의 범위나 발생원인 및 소멸원인 등이 중요하다.

둘째, 대리인과 상대방 사이의 관계에서 대리행위가 발생하는데, 대리행위시의 현명과 대리행위에 하자가 있을 때의 판단기준, 그리고 대리인의 능력 등이 문제된다.

셋째, 본인과 상대방 사이의 관계에서는 대리인의 행위에 의한 대리효과가 발생하는데, 본인과 상대방에게 직접 대리효과 즉 법률효과가 발생한다. 즉 대리행위에서 발생하는 권리와 의무가 일단 대리인에게 속하였다가 내부적으로 본인에게 이전하는 것이 아니라 곧바로 본인에게 속한다.

법률행위가 성립한 경우에 그 법률효과는 의사표시를 한 표의자에게 발생하는 것이 보통이나, 대리에서는 표의자가 아닌 다른 자 즉 본인에게 발생한다.

| 관련판례 1 |

어떤 사람이 대리인의 외양을 가지고 행위하는 것을 본인이 알면서도 이의를 하지 아니하고 방임하는 등 사실상의 용태에 의하여 대리권의 수여가 추단될 수 있는지 여부에 관한 판례

대리권을 수여하는 수권행위는 불요식의 행위로서 명시적인 의사표시에 의함이 없이 묵시적인 의사표시에 의하여 할 수도 있으며, 어떤 사람이 대리인의 외양을 가지고 행위하는 것을 본인이 알면서도 이의를 하지 아니하고 방임하는 등 사실상의 용태에 의하여 대리권의 수여가 추단되는 경우도 있다(대법원 2016.5.26, 2016다203315 판결).

| 관련판례 2 |

채권양도통지의 권한을 위임받은 양수인이 무현명으로 한 채권양도통지의 효력에 관한 판례

채권양도통지 권한을 위임받은 양수인이 양도인을 대리하여 채권양도통지를 함에 있어서는 민법 제114조 제1항의 규정에 따라 양도인 본인과 대리인을 표시하여야 하는 것이므로, 양수인이 서면으로 채권양도통지를 함에 있어 대리관계의 현명을 하지 아니한 채 양수인 명의로 된 채권양도통지서를 채무자에게 발송하여

도달되었다 하더라도 이는 효력이 없다고 할 것이다(대법원 2004.2.13, 2003다 43490 판결).

II. 대리의 기능

사회관계가 다양 · 복잡해질수록 본인 혼자서 당면한 모든 법률행위를 할 수 없으므로 타인의 도움, 즉 대리의 필요가 생기게 된 것이다. 그러므로 대리의 본질적 작용은 사적 자치의 확장이라는 기능이라 하겠으며, 사적 자치의 보충이라는 기능은 2차적 기능이라 하겠다. 사적 자치의 확장기능은 임의대리에서 강하게 나타나고, 사적 자치의 보충기능은 법정대리에서 강하게 나타난다고 봄이 타당하겠다.

III. 대리가 인정되는 범위

1. 법률행위

대리는 의사표시를 요소로 하는 법률행위에 한해 인정되는데 그 중에서도 재산상의 법률행위에만 인정된다. 그러므로 혼인 · 이혼 · 인지 · 유언 등과 같은 가족법상의 법률행위 즉 신분행위에는 원칙적으로 대리가 인정되지 않는다. 이를 대리와 친하지 않은 법률행위라 한다. 그러나 부양청구권의 행사나 상속의 승인과 포기는 가족법상의 지위에서 발생한 권리이지만 재산적 색채가 강하므로 대리가 인정된다.

2. 준법률행위

준법률행위(사실행위 포함)에는 원칙적으로 대리가 인정되지 않는다. 그러나 의사의 통지와 관념의 통지에 대해서는 의사표시규정이 유추적용되므로 대리가 인정된다. 따라서 최고와 채권양도의 통지에 대해서는 대리가 인정된다.

3. 불법행위

대리제도는 본인을 위한 제도이므로 불법행위에는 대리가 허용되지 않는다. 즉 불법행위를 한 자가 책임을 진다. 다만 대리인이 본인의 피용자인 경우에는 본인이 사용자책임을 질 수는 있다.

Ⅳ. 대리의 종류

1. 임의대리와 법정대리

본인의 의사 즉 법률행위에 의하여 수여된 대리권에 기한 대리를 임의대리라고 하고, 법률의 규정에 의하여 일정한 자에게 대리권이 부여된 대리를 법정대리라고 한다.

임의대리와 법정대리의 구별은 특히 대리인의 복임권(민법 제120조 · 제121조), 대리권의 소멸(민법 제128조), 표현대리에 관한 규정의 적용 여부에 있어서 그 구별의 실익이 있다.

2. 능동대리(적극대리)와 수동대리(소극대리)

능동대리는 대리인이 적극적으로 상대방에게 의사표시를 하는 경우이다. 반면에 제3자의 의사표시를 수령하는 것을 그 대리행위의 내용으로 하는 대리를 수동대리라고 한다.

3. 유권대리와 무권대리

유권대리는 대리인으로서 행위를 하는 자가 정당한 대리권을 가진 정상적인 대리를 말하며, 대리인이 대리행위를 하는 데 정당한 대리권을 갖지 않은 경우를 무권대리라 한다.

대리란 당연히 유권대리를 의미하지만 민법은 대리제도의 신용유지와 거래의 안전보호를 위하여 일정한 요건이 갖추어지면 그 효력을 인정하고 있다.

V. 대리권의 제한

1. 공동대리

대리인이 여러 명일 때에는 각자가 본인을 대리한다(민법 제119조). 즉 각자대리(단독대리)가 원칙이다. 그러나 법률이나 수권행위에서 달리 정한 때, 즉 여러 명의 대리인이 공동으로만 대리할 수 있는 것으로 정하면 공동으로만 대리하여야 한다. 공동대리의 취지는 여러 명의 대리인들이 서로 견제하여 의사결정을 신중히 하여 본인을 보호하려는 것이다. 공동대리를 위반한 대리행위는 무권대리이지만 민법 제126조의 월권대리가 적용될 수는 있다.

2. 자기계약과 쌍방대리의 금지

자기계약이란 대리인이 한편으로는 본인을 대리하고 다른 한편으로는 자기 자신이 상대방이 되어 계약을 맺는 것을 말하며, 쌍방대리란 동일인이 하나의 법률행위에서 당사자 양쪽의 대리인이 되어 대리행위를 하는 것을 말한다. 이러한 자기계약과 쌍방대리는 금지된다(민법 제124조).

그러나 자기계약과 쌍방대리가 예외적으로 허용되는 경우도 있다.

첫째, 본인의 허락이 있는 경우이다. 즉 본인이 미리 자기계약 또는 쌍방대리를 허락한 때에는 그러한 대리행위는 유효하다.

둘째, 채무의 이행의 경우이다. 즉 채무의 이행에 있어서는 이미 확정된 법률관계를 결제할 뿐이며, 그것으로 인하여 당사자 간에 새로운 이해관계가 발생하는 것은 아니기에 자기계약이나 쌍방대리를 하여도 본인의 이익을 부당하게 해할 염려가 없으므로 채무이행에 관하여는 자기계약과 쌍방대리가 원칙적으로 허용된다. 그러나 기한미도래 채무의 이행, 다툼이 있는 채무의 이행, 대물변제, 경개, 항변권이 부착된 채무의 이행 등은 그 성질상 자기계약이나 쌍방대리를 하지 못한다. 이로 인하여 새로운 이해관계가 발생되기 때문이다.

| 관련판례 1 |

원고 소송복대리인이 동일 사건에서 다시 피고 소송복대리인이 되어 행한소송행위의 효력에 관한 판례

원고 소송복대리인으로서 변론기일에 출석하여 소송행위를 하였던 변호사가 피고 소송복대리인으로도 출석하여 변론한 경우라도, 당사자가 그에 대하여 아무런 이의를 제기하지 않았다면 그 소송행위는 소송법상 완전한 효력이 생긴다(대법원 1995.7.28, 94다44903 판결).

| 관련판례 2 |

부동산 입찰절차에서 동일한 물건에 관하여 1인이 2인 이상의 대리인이 된 경우, 그 대리인이 한 입찰행위의 효력에 관한 판례

민법 제124조는 "대리인은 본인의 허락이 없으면 본인을 위하여 자기와 법률행위를 하거나 동일한 법률행위에 관하여 당사자 쌍방을 대리하지 못한다."고 규정하고 있으므로 부동산 입찰절차에서 동일물건에 관하여 이해관계가 다른 2인 이상의 대리인이 된 경우에는 그 대리인이 한 입찰은 무효이다(대법원 2004.2.13, 자, 2003마44 결정).

<요 약>

(1) 대 리

타인(대리인)이 본인의 이름으로 제3자(상대방)에게 의사표시를 하거나 또는 제3자로부터 의사표시를 수령하여 그 법률효과를 직접 본인에게 귀속시키는 제도

(2) 대리의 3면관계

① 본인과 대리인 사이의 관계 : 대리권이 발생하는데, 대리권의 범위나 발생원인 및 소멸원인 등이 중요

② 대리인과 상대방 사이의 관계 : 대리행위가 발생하는데, 대리행위시의 현명과 대리행위에 하자가 있을 때의 판단기준, 그리고 대리인의 능력 등이 문제

③ 본인과 상대방 사이의 관계 : 대리인의 행위에 의한 대리효과가 발생 즉 본인과 상대방에게 직접 대리효과 즉 법률효과가 발생

(3) 대리의 기능

사적 자치의 확장기능과 사적 자치의 보충기능이 있는데, 사적 자치의 확장기능

은 임의대리에서 강하게 나타나고, 사적 자치의 보충기능은 법정대리에서 강하게 나타난다.

(4) 대리가 인정되는 범위

① 법률행위 : 대리는 의사표시를 요소로 하는 법률행위에 한해 인정되는데 그 중에서도 재산상의 법률행위에만 인정되므로 혼인 · 이혼 · 인지 · 유언 등과 같은 가족법상의 법률행위 즉 신분행위에는 원칙적으로 대리가 인정되지 않는다. 이를 대리와 친하지 않은 법률행위라 한다.

② 준법률행위 : 준법률행위(사실행위 포함)에는 원칙적으로 대리가 인정되지 않으나 의사의 통지와 관념의 통지 즉 최고나 채권양도의 통지에 대해서는 대리가 인정된다.

③ 불법행위 : 대리제도는 본인을 위한 제도이므로 불법행위에는 대리가 허용되지 않는다.

(5) 대리의 종류

① 임의대리와 법정대리 : 임의대리란 본인의 의사 즉 법률행위에 의하여 수여된 대리권에 기한 대리를 말하고, 법정대리란 법률의 규정에 의하여 일정한 자에게 대리권이 부여된 대리를 말한다.

② 능동대리(적극대리)와 수동대리(소극대리) : 능동대리는 대리인이 적극적으로 상대방에게 의사표시를 하는 경우이며, 수동대리는 제3자의 의사표시를 수령하는 것을 그 대리행위의 내용으로 하는 대리

③ 유권대리와 무권대리 : 유권대리는 대리인으로서 행위를 하는 자가 정당한 대리권을 가진 정상적인 대리를 말하며, 무권대리는 대리인이 대리행위를 하는데 정당한 대리권을 갖지 않은 경우를 말한다.

제 9 장

물권과 채권의 기초 이해

제9장 물권과 채권의 기초 이해

Ⅰ. 물권과 채권의 의의 및 둘의 차이

1. 물권과 채권의 의의

물권이란 특정의 물건을 직접 지배하여 이익을 얻는 배타적 권리를 말하며, 채권이란 특정인이 특정인에 대하여만 급부를 청구할 수 있는 권리를 말한다. 여기서 급부란 채권의 내용이 되는 특정한 행위를 말한다.

2. 물권과 채권의 차이

1) 물권은 타인의 행위를 거칠 필요없이 물건을 직접 지배하는 권리인 반면에 채권은 특정인에 대하여만 급부를 청구할 수 있는 권리이다. 따라서 채권에는 배타성이 없지만 물권에는 배타성이 존재한다.

2) 물권은 그 사용 · 수익을 보장하기 위하여 물권적 청구권이 인정되지만, 채권은 배타성이 없으므로 모든 사람에게 권리보호를 주장할 수 있는 물권적 청구권을 인정하지 않는다.

3) 물권은 하나의 물건에 같은 내용의 물권이 동시에 두개 이상 성립하지 못한다. 그러나 내용이 다른 물권이나 그 성립순위에 차이를 두는 것은 인정된다. 반면에 채권은 동시에 여러 개의 같은 채권이 병존할 수 있다. 물권과 물권은 먼저 성립한 것이 우선하고, 물권과 채권은 언제나 물권이 우선한다. 채권에 대한 물권의 우

선적 효력에는 예외가 있다.

4) 물권의 양도는 자유이지만 채권은 그렇지 못하다.

5) 물권은 이와 같이 채권에 비하여 광범하고 강한 효력을 가지므로, 일반인들을 보호하기 위하여 공시방법이 요청되며 또 그 종류를 법정하여 함부로 약정할 수 없도록 하고 있다. 그러나 채권은 법률이 규정하고 있는 것 이외에도 당사자의 계약에 의하여 얼마든지 정할 수 있다.

II. 물 권 법

1. 물권법의 의의

물권법이란 각종의 재화에 대한 사람의 지배관계를 규율하는 사법이다. 즉 사법 중에서 소유권을 중심으로 하는 재산법이다.

2. 물권의 의의

(1) 물권법정주의

물권의 종류와 내용은 민법 기타의 법률 또는 관습법에서 정하는 것에 한하여 인정되며. 당사자가 그 밖의 물권을 창설하는 것이 금지된다(민법 제185조). 이를 '물권법정주의'라고 한다. 즉 물권법에 있어서의 물권의 정형은 확정적이다. 이에 따라 물권의 종류와 내용은 강제된다. 이러한 물권법정주의의 결과 물권법의 규정들은 대부분 강행규정이다.

어느 한 물건을 목적으로 물권과 채권이 성립하는 경우에 그 성립시기를 묻지 않고 원칙적으로 물권이 우선한다.

(2) 물권적 청구권

한편 물권의 내용의 실현이 어떤 사정으로 방해를 받거나 받을 염려가 있는 경우에 물권자가 방해자에 대해 그 방해의 제거나 예방을 청구할 수 있는데 이를 물권적 청구권이라 한다. 물권적 청구권에는 반환청구권, 방해제거청구권, 방해예방청구권이 있다.

3. 물권의 종류

(1) 점 유 권

점유권이란 물건을 지배할 수 있는 법률상의 권원의 유무를 묻지 않고 물건을 사실상 지배하고 있는 현재의 상태 그 자체를 보호하는 것을 목적으로 하는 권리이다.

| 관련판례 |

물건에 대한 점유의 의미 및 판단 기준에 관한 판결

물건에 대한 점유란 사회관념상 어떤 사람이 사실적으로 지배하고 있는 객관적 상태를 말하는 것으로서, 사실적 지배는 반드시 물건을 물리적, 현실적으로 지배하는 것만을 의미하는 것이 아니고, 그 인정 여부는 물건과 사람 사이의 시간적, 공간적 관계와 본권 관계, 타인 지배의 배제 가능성 등을 고려해서 사회관념에 따라 합목적적으로 판단해야 한다(대법원 2022.2.10, 2018다298799 판결).

(2) 본　　권

본권이란 물건에 대한 사실적 지배를 묻지 않고 그 물건을 지배할 수 있는 권리를 말한다.

(가) 소 유 권

소유권이란 객체인 물건을 전적으로, 즉 물건이 가지는 사용가치와 교환가치의 전부를 지배할 수 있는 권리를 말한다.

(나) 제한물권

제한물권이란 물건의 사용가치나 교환가치의 어느 하나에 대해서만 지배할 수 있는 권리를 말한다.

(a) 용익물권　용익물권이란 타인의 토지 또는 건물을 일정한 목적을 위하여 사용·수익할 수 있는 물권을 말한다.

① 지상권 :　지상권이란 타인의 토지에 건물 기타 공작물이나 수목을 소유하기 위하여 그 토지를 사용하는 권리를 말한다.

| 관련판례 |

자기 소유 토지에 분묘를 설치한 사람이 토지를 양도하면서 분묘를 이장하겠다는 특약을 하지 않아 분묘기지권을 취득한 경우, 분묘기지권이 성립한 때부터 분묘기지에 관한 지료 지급의무를 지는지 여부에 관한 판례

자기 소유 토지에 분묘를 설치한 사람이 그 토지를 양도하면서 분묘를 이장하겠다는 특약을 하지 않음으로써 분묘기지권을 취득한 경우, 특별한 사정이 없는 한 분묘기지권자는 분묘기지권이 성립한 때부터 토지 소유자에게 그 분묘의 기지에 대한 토지사용의 대가로서 지료를 지급할 의무가 있다(대법원 2021.5.27, 2020다295892 판결).

② 지역권 : 지역권이란 일정한 목적을 위하여 타인의 토지를 자기 토지의 편익에 이용하는 권리를 말한다.

| 관련판례 1 |

도로를 개설하여 영구히 사용케 한다는 약정을 지역권 설정에 관한 합의로 볼 수 있는지 여부에 관한 판례

피고가 피고 소유의 토지에 도로를 개설하여 원고로 하여금 영구히 사용케 한다고 약정하고 그 대금을 수령한 경우 위 약정은 지역권 설정에 관한 합의라고 봄이 상당하다(대법원 1980.1.29, 79다1704 판결).

| 관련판례 2 |

통행지역권설정계약의 묵시적 성립을 부인한 사례

분양택지들을 매각하면서 토지 중 일부를 분양택지들을 위한 도로로 제공한 것이 아니라 다만 토지의 매수인으로서 그 부분에 대한 다른 택지소유자들의 통행을 묵인한 것에 불과하다면 묵시적인 지역권설정계약이 성립되었다고 볼 여지가 없다(대법원 1991.4.23, 90다15167 판결).

③ 전세권 : 전세권이란 전세금을 지급하고 타인의 부동산을 점유하여 그 부동산의 용도에 좇아 사용 · 수익하며, 그 부동산 전부에 대하여 후순위권리자 기타

채권자보다 전세금을 우선변제 받을 수 있는 권리를 말한다.

| 관련판례 1 |

건물의 일부에 대하여 전세권이 설정되어 있는 경우 그 전세권자가 전세권의 목적물이 아닌 나머지 건물부분에 대하여 경매신청을 할 수 있는지 여부에 관한 판례

건물의 일부에 대하여 전세권이 설정되어 있는 경우 그 전세권자는 민법 제303조 제1항, 제318조의 규정에 의하여 그 건물 전부에 대하여 후순위 권리자 기타 채권자보다 전세금의 우선변제를 받을 권리가 있고, 전세권설정자가 전세금의 반환을 지체한 때에는 전세권의 목적물의 경매를 청구할 수 있다 할 것이나, 전세권의 목적물이 아닌 나머지 건물부분에 대하여는 우선변제권은 별론으로 하고 경매신청권은 없다(대법원 1992.3.10, 자, 91마256 결정).

| 관련판례 2 |

전세금반환채권을 전세권과 분리하여 양도할 수 있는지 여부에 관한 판례

전세권이 담보물권적 성격도 가지는 이상 부종성과 수반성이 있는 것이므로 전세권을 그 담보하는 전세금반환채권과 분리하여 양도하는 것은 허용되지 않는다고 할 것이나, 한편 담보물권의 수반성이란 피담보채권의 처분이 있으면 언제나 담보물권도 함께 처분된다는 것이 아니라, 채권 담보라고 하는 담보물권 제도의 존재 목적에 비추어 볼 때 특별한 사정이 없는 한 피담보채권의 처분에는 담보물권의 처분도 포함된다고 보는 것이 합리적이라는 것일 뿐이므로, 전세권이 존속기간의 만료로 소멸한 경우이거나 전세계약의 합의해지 또는 당사자 간의 특약에 의하여 전세권반환채권의 처분에도 불구하고, 전세권의 처분이 따르지 않는 경우 등의 특별한 사정이 있는 때에는 채권양수인은 담보물권이 없는 무담보의 채권을 양수한 것이 된다(대법원 1997.11.25, 97다29790 판결).

(b) 담보물권 담보물권이란 일정한 물건을 채권의 담보에 제공하는 것을 목적으로 하는 물권을 말한다.

① 유치권 : 유치권이란 타인의 물건이나 유가증권을 점유한 자가 그 물건이나 유가증권에 관하여 생긴 채권이 변제기에 있는 경우에 그 채권을 변제받을 때까지 그 물건이나 유가증권을 유치할 수 있는 권리를 말한다. 유치권은 일정한 요건을

갖추면 법률상 당연히 성립하는 법정담보물권이다. 그러므로 당사자의 협의로 유치권을 생기게 하지는 못한다.

관련판례 1

물건 점유 이전에 그 물건에 관련하여 채권이 발생한 후 그 물건의 점유를 취득한 경우에도 유치권의 성립이 인정되는 실례

유치권자가 유치물을 점유하기 전에 발생된 채권(건축비채권)이라도 그 후 그 물건(건물)의 점유를 취득했다면 유치권은 성립한다(대법원 1965.3.30, 64다1977 판결).

관련판례 2

유치권의 성립요건인 유치권자의 점유에 간접점유가 포함되는지 여부 및 간접점유에서 점유매개관계를 이루는 임대차계약 등이 종료된 이후에도 직접점유자가 목적물을 점유한 채 이를 반환하지 않고 있는 경우, 점유매개관계가 단절되는지 여부에 관한 판례

유치권의 성립요건인 유치권자의 점유는 직접점유이든 간접점유이든 관계없다. 간접점유를 인정하기 위해서는 간접점유자와 직접점유를 하는 자 사이에 일정한 법률관계, 즉 점유매개관계가 필요한데, 간접점유에서 점유매개관계를 이루는 임대차계약 등이 해지 등의 사유로 종료되더라도 직접점유자가 목적물을 반환하기 전까지는 간접점유자의 직접점유자에 대한 반환청구권이 소멸하지 않는다. 따라서 점유매개관계를 이루는 임대차계약 등이 종료된 이후에도 직접점유자가 목적물을 점유한 채 이를 반환하지 않고 있는 경우에는, 간접점유자의 반환청구권이 소멸한 것이 아니므로 간접점유의 점유매개관계가 단절된다고 할 수 없다(대법원 2019.8.14, 2019다205329 판결).

② 질 권: 질권이란 채권자가 채권의 담보로서 채무자 또는 제3자(물상보증인)가 제공한 동산 또는 재산권을 점유하고 그 변제가 없을 때에는 그 동산 또는 재산권으로부터 우선변제를 받는 약정담보물권이다. 질권은 목적물을 점유할 권리가 있지만 그 점유는 채권의 변제를 촉구하기 위한 수단에 지나지 않으며, 용익물권에서와 같이 목적물을 사용·수익할 수 있는 권능은 없다.

| 관련판례 1 |

국세채권의 우선권 내용

국세는 법률상 과세요건의 충족에 따라 일률적, 무선택적, 필연적으로 성립한다는 점에서 일반채권과 근본적으로 그 성질을 달리하고 한편으로는 그 공익성으로 말미암아 그 징수확보를 위해 채권평등의 원칙에 예외적 효력인 국세우선의 원칙이 적용되는 것으로 이는 납세자 소유의 모든 재산에 관하여 등기등 기타의 공시방법의 필요없이 인정될 뿐 아니라 질권, 저당권 등 담보물권에 의해서 담보되는 채권에 대해서도 원칙적으로 그 적용이 있다(대법원 1983.11.22, 83다카1105 판결).

| 관련판례 2 |

회사의 대표이사가 교체됨에 따라 종전 대표이사는 연대보증인에서 제외시키고 새로운 대표이사를 연대보증인으로 하는 새로운 어음거래 약정을 하였더라도 전대표이사가 제공한 물적담보책임이 소멸되는 것은 아니라고 본 예

일정의 어음거래약정기간동안 채권자로부터 할인받은 어음이 모두 결제된 것으로 장부처리가 되었다고 하더라도 그것이 현금등의 입금으로 기존의 어음거래상의 채무를 모두 소멸시켜 그 거래관계를 종료시키는 것이 아니고 소위 어음대환 내지 어음개서의 형식을 취한 것 뿐이라면, 그 직후에 채무자 회사의 대표이사가 교체됨에 따라 종전의 대표이사를 연대보증인에서 제외시키고 새로운 대표이사를 새로이 연대보증인으로 삼을 의도로 채권자와 사이에 새로운 어음거래약정서가 작성되었다고 하더라도 연대보증인이 다를뿐 약정내용이 동일하고 종전부터의 어음거래로 인하여 변동되어온 채권채무가 그대로 유지된 채 어음거래가 계속되어온 이상 종전의 대표이사의 연대보증기간이 만료되었다 하여 동인이 제공한 물적담보책임이 그 싯점에서 종료되었다고 보기 어려울 뿐만 아니라 가사 동인의 물적담보기간이 그 싯점에서 종료된다고 보더라도 본래의 채무가 소멸되는 것은 아니다(대법원 1986.8.19, 85다카357 판결).

| 관련판례 3 |

질권의 목적인 채권의 양도에 있어서 질권자의 동의가 필요한지 여부에 관한 판례

질권의 목적인 채권의 양도행위는 민법 제352조 소정의 질권자의 이익을 해하는 변경에 해당되지 않으므로 질권자의 동의를 요하지 아니한다(대법원 2005.12.

22, 2003다55059 판결).

③ 저당권 : 저당권이란 채권자가 채무자 또는 제3자(물상보증인)로부터 점유를 옮기지 않고 그 채권의 담보로 제공된 목적물(부동산)에 대하여 일반 채권자에 우선하여 변제를 받을 수 있는 약정담보물권이다.

| 관련판례 1 |

저당권과 피담보채권의 주체를 달리할 수 있는지 여부에 관한 판례

채권과 그를 담보하는 저당권은 담보물권의 부수성에 의하여 그 주체를 달리할 수 없다(대법원 1986.1.21, 84다카681 판결).

| 관련판례 2 |

1필지의 토지 중 특정 부분에 대한 구분소유적 공유관계를 표상하는 공유지분 위에 근저당권이 설정된 후 구분소유적 공유관계가 해소된 경우, 근저당권이 근저당권설정자의 단독소유로 분할된 토지에 집중되는지 여부에 관한 판례

1필지의 토지의 위치와 면적을 특정하여 2인 이상이 구분소유하기로 하는 약정을 하고 구분소유자의 공유로 등기하는 이른바 구분소유적 공유관계에 있어서, 1필지의 토지 중 특정 부분에 대한 구분소유적 공유관계를 표상하는 공유지분을 목적으로 하는 근저당권이 설정된 후 구분소유하고 있는 특정 부분별로 독립한 필지로 분할되고 나아가 구분소유자 상호 간에 지분이전등기를 하는 등으로 구분소유적 공유관계가 해소되더라도 그 근저당권은 종전의 구분소유적 공유지분의 비율대로 분할된 토지들 전부의 위에 그대로 존속하는 것이고, 근저당권설정자의 단독소유로 분할된 토지에 당연히 집중되는 것은 아니다(대법원 2014.6.26, 2012다25944 판결).

4. 물권의 변동

(1) 물권변동의 의의

물권변동이란 물권의 동일성을 해하지 않는 범위 내에서 물권의 주체 · 객체 · 내용 및 작용에 대하여 생기는 변화 즉 물권의 발생 · 변경 · 소멸을 통틀어 이르는

말인데 이는 객체를 중심으로 본 것이고, 주체를 중심으로 보면 물권의 취득·변경·상실이 되는데 줄여서 물권의 득실변경이라 한다.

(2) 물권변동의 종류

(가) 물권의 발생

물권의 발생에는 절대적 발생과 상대적 발생이 있다. 절대적 발생은 원시취득으로서 건물의 신축에 의한 소유권의 취득, 무주물선점에 의한 점유권의 취득 등이 그 예이다. 상대적 발생은 승계취득으로서 이전적 승계와 설정적 승계가 있다. 이전적 승계는 소유권의 이전, 지상권의 양도 등이 그 예이며, 설정적 승계는 전전세권의 설정, 질권의 설정 등이 그 예이다. 이전적 승계 중에서 당사자의 의사에 기하는 것을 특히 “양도”라 한다.

(나) 물권의 소멸

물권의 소멸에는 절대적 소멸과 상대적 소멸이 있다. 절대적 소멸은 목재의 소실에 의한 소유권의 소멸, 폐기에 의한 점유권의 소멸 등이 그 예이다. 상대적 소멸은 이전적 승계를 전주의 입장에서 본 것이다.

(다) 물권의 변경

물권의 변경에는 주체의 변경, 내용의 변경, 작용의 변경이 있다. 주체의 변경은 물권의 이전으로 본다. 내용의 변경은 질적 변경과 양적 변경이 있다. 질적 변경은 물건의 멸실로 물권적 청구권이 손해배상청구권으로 변하는 것 등이 그 예이며, 양적 변경은 첨부에 의한 소유권의 범위의 증가, 목적물의 일부멸실에 의한 전세권의 범위의 축소 등이 그 예이다. 작용의 변경은 저당권의 순위가 승진되는 것 등이 그 예이다.

Ⅲ. 채 권 법

1. 채권법의 의의

채권법이란 당사자간의 채권·채무 관계를 규율하는 법규범을 통틀어 이르는 말이다. 이를 실질적 의미의 채권법이라 하는데, 이 의미의 채권법은 민법뿐 아니라 채권 · 채무 관계를 규율하는 모든 법규 중의 조항까지 포함된다. 그러나 보통 채권법이라 할 때에는 형식적 의미에서 민법 제3편의 '채권'이라는 규정(또는 법체계)을 말한다.

우리의 사법적 생활관계는 재산관계와 가족(신분)관계로 대별되고, 재산관계는 다시 물권관계와 채권관계로 나누어진다. 따라서 채권법은 물권법과 더불어 재산법의 2대 부문을 이루고 있는데, 역사적으로는 물권법이 채권법보다 먼저 발달하였다. 물권관계는 '현재 재화를 직접 지배 · 이용하는 관계'이고, 채권관계는 사회생활이 발달하여 타인(신용)을 매개하여 '장차 재화 또는 노무를 획득하는 관계'이며, 이는 기본적으로 물권관계에 도달하기 위한 수단이기 때문이다. 그러나 자본주의 경제가 발달함에 따라 채권법의 사회적 작용이 점차 커져서 특히 소유권과 결합한 채권관계가 타인을 지배하는 수단으로 변질됨으로써 현대 채권법상 문제로 되고 있다.

채권법은 다음과 같은 특색이 있다.

첫째, 채권법은 제3자의 이익을 해칠 위험이 적어 원칙적으로 임의법규로의 성질을 갖는다. 이에 비하여 물권법이나 가족법은 강행법규가 대부분이다.

둘째, 채권법은 거래법으로서 국제적 · 보편적 성질을 가진다. 이에 비하여 물권법이나 가족법은 지역적 · 민족적 특색이 강하다.

셋째, 채권은 채권자와 채무자 간의 신뢰관계를 기초로 하기 때문에 채권법은 신의칙에 지배된다. 이에 비하여 물권의 배타적 지위를 보장하는 물권법에서는 상대적으로 채권법보다는 신의칙에 덜 지배된다.

2. 채무불이행

(1) 개 념

채무불이행은 채무자에게 책임 있는 사유로 채무의 내용에 따른 이행이 이루어지지 않고 있는 상태를 통틀어 일컫는 말이다.

채무자가 채무의 내용에 좇은 이행을 하지 아니한 때에는 채권자는 손해배상을 청구할 수 있다. 그러나 채무자의 고의나 과실 없이 이행 할 수 없게 된 때에는 그러하지 아니하다(민법 제390조).

| 관련판례 1 |

외국 축구팀과의 친선경기를 주최한 갑 주식회사는 특정 선수가 최소 45분 이상 경기에 출전하게 될 것을 홍보하였는데, 실제 위 선수가 전혀 출장하지 아니하자 경기를 관람한 을 등이 갑 회사를 상대로 손해배상을 구한 사안에서, 제반 사정에 비추어 갑 회사가 을 등에게 손해를 배상해야 한다고 한 사례

을 등을 포함한 많은 관객들은 단순히 외국 축구팀과의 친선경기가 아니라 특정 선수의 경기 모습을 직접 현장에서 보기 위해서 입장권을 구매한 것으로, 위 선수의 45분 이상 출전은 계약상 중요한 사항임에도 전혀 출장하지 아니하여 관중들의 신뢰를 현저히 훼손하였으므로, 관중들은 입장료의 환불만으로는 회복될 수 없는 정신적 고통을 입었고, 갑 회사도 이와 같은 사정을 알았거나 알 수 있었던 점, 대규모 영리적 행위에서 동일한 사태의 재발을 방지할 필요성도 큰 점 등에 비추어 갑 회사가 을 등에게 손해를 배상해야 한다(인천지법 2020.2.4, 2019가소490120 판결 : 항소).

| 관련판례 2 |

계약이 합의에 따라 해제되거나 해지된 경우라도 상대방에게 손해배상을 하기로 특약하거나 손해배상 청구를 유보하는 의사표시가 있으면 그에 따라 손해배상을 하여야 하는지 여부 및 그와 같은 특약 등이 있었다는 점에 대한 증명책임의 소재(=이를 주장하는 당사자)에 관한 판례

계약이 합의에 따라 해제되거나 해지된 경우에는 특별한 사정이 없는 한 채무불이행으로 인한 손해배상을 청구할 수 없으나, 상대방에게 손해배상을 하기로 특약하거나 손해배상 청구를 유보하는 의사표시가 있으면 그러한 특약이나 의사에 따라 손해배상을 하여야 한다. 그와 같은 손해배상의 특약이 있었다거나 손해배상 청구를 유보하였다는 점은 이를 주장하는 당사자가 증명할 책임이 있다(대법원 2021.3.25, 2020다285048 판결).

| 관련판례 3 |

채무자가 계약을 이행하지 않을 의사를 명백히 표시한 경우, 채권자는 이행기 전이라도 이행의 최고 없이 채무자의 이행거절을 이유로 계약을 해제하거나 손해배상을 청구할 수 있는지 여부(적극) 및 이때 채무자가 계약을 이행하지 않을 의사를 명백히 표시하였는지 판단하는 기준에 관한 판례

민법 제390조는 '채무불이행과 손해배상'이라는 제목으로 "채무자가 채무의 내용에 좇은 이행을 하지 아니한 때에는 채권자는 손해배상을 청구할 수 있다. 그러나 채무자의 고의나 과실없이 이행할 수 없게 된 때에는 그러하지 아니하다."라고 정하여 채무불이행에 관한 일반조항주의를 채택하고 있다. 민법 제544조는 '이행지체와 해제'라는 제목으로 "당사자 일방이 그 채무를 이행하지 아니하는 때에는 상대방은 상당한 기간을 정하여 그 이행을 최고하고 그 기간 내에 이행하지 아니한 때에는 계약을 해제할 수 있다. 그러나 채무자가 미리 이행하지 아니할 의사를 표시한 경우에는 최고를 요하지 아니한다."라고 정하고 있다. 채무자가 채무의 이행을 지체하고 있는 상태에서 이행거절의사를 표시한 경우에는 채권자는 그 이행을 최고하지 않고 계약을 해제할 수 있음은 분명하다.

여기에서 나아가 계약상 채무자가 계약을 이행하지 않을 의사를 명백히 표시한 경우에는 채권자는 이행기 전이라도 이행의 최고 없이 채무자의 이행거절을 이유로 계약을 해제하거나 채무자를 상대로 손해배상을 청구할 수 있다. 이 때 채무자가 계약을 이행하지 않을 의사를 명백히 표시하였는지는 계약 이행에 관한 당사자의 행동과 계약 전후의 구체적인 사정 등을 종합적으로 살펴서 판단하여야 한다. 위와 같은 이행거절로 인한 계약해제의 경우에는 채권자의 최고도 필요하지 않고 동시이행관계에 있는 자기 채무의 이행제공도 필요하지 않아, 이행지체를 이유로 한 계약해제와 비교할 때 계약해제의 요건이 완화되어 있으므로, 이행거절의사가 명백하고 종국적인 것으로 볼 수 있어야 한다. 명시적으로 이행거절의사를 표명하는 경우 외에 계약 당시 또는 그 후의 여러 사정을 종합하여 묵시적 이행거절의사를 인정하기 위해서는 그 거절의사가 정황상 분명하게 인정되어야 한다(대법원 2021.7.15, 2018다214210 판결).

(2) 요　건

채무불이행이 성립하기 위한 요건으로는 모든 유형에 공통하는 요건과 각각의 유형에 특유한 것이 있다. 공통적인 요건으로는 채무내용에 좇은 이행을 하지 않고 있다는 사실, 채무자의 귀책사유와 위법이다.

(3) 채무불이행의 모습

채무불이행의 모습에는 이행지체(채무자지체), 이행불능, 불완전이행이 있다.

(가) 이행지체

이행지체는 채무가 이행기에 있고 또 그 이행이 가능함에도 불구하고 채무자의 책임 있는 사유로 채무의 내용에 좇은 이행을 하지 않고 있는 것을 말한다. 이를 채무자지체라고도 한다.

이행지체의 효과로는 이행의 강제, 손해배상(지연배상), 전보배상, 책임가중, 계약의 해제가 있다.

(나) 이행불능

이행불능이란 채권이 성립된 이후 채무자의 책임 있는 사유로 그 이행이 불가능하게 된 경우를 말한다.

이행불능의 효과로는 본래의 급부를 면함, 손해배상(전보배상), 계약의 해제 및 종료, 대상청구권이 있다.

(다) 불완전이행

불완전이행은 채무의 이행은 하였으나 그것이 채무의 내용에 좇은 것이 아닌 불완전한 경우를 말한다. 이를 적극적 채권침해라고도 한다.

(4) 채무불이행에 대한 구제

(가) 강제이행

채무자가 임의로 채무를 이행하지 아니한 때에는 채권자는 그 강제이행을 법원에 청구하여(민법 제389조 제1항), 채권의 만족을 얻을 수 있다. 채무자의 의사대로 이행하는 면에서는 강제이행이고, 집행의 면에서 보면 강제집행이다.

| 관련판례 |

집행관이 미등기건물에 대한 철거 시 철거대상 미등기건물이 채무자에게 속하는지를 판단하기 위하여 조사·확인하여야 할 사항 및 집행관이 현재 건축주 명의인이 채무자와 다르다는 이유만으로 철거대상 미등기건물이 채무자에게 속하지 않는다고 판단하여 철거하지 않은 경우, 채권자가 집행에 관한 이의신청으로 구제받을 수 있는지 여부에 관한 판례

집행기관은 집행을 개시함에 있어 집행대상이 채무자에게 속하는지를 스스로 조사·판단하여야 하고, 이는 건물철거의 대체집행에서 수권결정에 기초하여 작위의 실시를 위임받은 집행관이 실제 철거를 실시하는 경우에도 마찬가지이다. 그런데 미등기건물에는 소유권을 표상하는 외관적 징표로서 등기부가 존재하지 아니하므로, 집행관이 미등기건물에 대한 철거를 실시함에 있어서는 건축허가서나 공사도급계약서 등을 조사하여 철거대상 미등기건물이 채무자에게 속하는지를 판단하여야 할 것이고, 또한 대체집행의 기초가 된 집행권원에는 철거의무의 근거로서 철거대상 미등기건물에 대한 소유권 등이 채무자에게 있다고 판단한 이유가 기재되어 있기 마련이므로, 집행관으로서는 집행권원의 내용도 확인하여야 할 것이다.

한편 미등기건물의 건축허가상 건축주 명의가 변경되었다고 하더라도, 변경시점에 이미 건물이 사회통념상 독립한 건물이라고 볼 수 있는 형태와 구조를 갖추고 있었다면 원래의 건축주가 건물의 소유권을 원시취득하고, 변경된 건축주 명의인은 소유자가 아니므로, 집행관이 변경된 현재의 건축주 명의인이 채무자와 다르다는 이유만으로 철거대상 미등기건물이 채무자에게 속하는 것이 아니라고 판단하여 철거를 실시하지 않았다면, 이는 집행관이 지킬 집행절차를 위반하여 집행을 위임받기를 거부하거나 집행행위를 지체한 경우에 해당하여 채권자는 집행에 관한 이의신청으로 구제받을 수 있다(대법원 2014.6.3, 자, 2013그336 결정).

(나) 손해배상

채무자가 채무의 내용에 좇은 이행을 하지 아니한 때에는 채권자는 손해배상을 청구할 수 있다(민법 제390조). 그러므로 이행지체의 경우에는 본래의 급부의무에 대해 강제이행을 청구하더라도 지연에 따른 손해가 있게 되고, 이행불능의 경우에는 강제이행을 청구할 수 없기에 그 이행에 갈음하는 손해배상을 통해 구제받을 수 있다.

| 관련판례 |

부동산 매수인이 매매목적물에 관한 근저당권의 피담보채무를 인수하고 그 채무액을 매매대금에서 공제하기로 약정한 경우, 이를 이행인수로 보아야 하는지 여부 및 이행인수계약의 불이행으로 인한 손해배상의 범위에 관한 판례

부동산의 매수인이 매매목적물에 관한 근저당권의 피담보채무를 인수하고 그 채무액을 매매대금에서 공제하기로 약정한 경우, 특별한 사정이 없는 한 매도인을 면책시키는 채무인수가 아니라 이행인수로 보아야 한다. 이행인수계약의 불이행으로 인한 손해배상의 범위는 원칙적으로 채무자가 채무의 내용에 따른 이행을 하지 않음으로써 생긴 통상의 손해를 한도로 한다. 매수인이 인수하기로 한 근저당권의 피담보채무를 변제하지 않아 원리금이 늘어났다면 그 원리금이 매수인의 이행인수계약 불이행으로 인한 통상의 손해액이 된다(대법원 2021.11.25, 2020다294516 판결).

3. 채권의 소멸

채권의 소멸이란 채권이 종국적으로 존재하지 않게 되는 경우를 말한다. 변제가 대표적인 것인데, 민법은 채권에 특유한 소멸원인으로 변제 외에 대물변제 · 공탁 · 상계 · 경개 · 면제 · 혼동에 대해서도 규정하고 있다.

(1) 변　　제

변제란 채무자 또는 제3자의 급부행위에 의하여 채권이 만족을 얻어 채권이 소멸하는 것을 말한다. 적법한 변제가 되기 위해서는 일반적으로 채무자가 정당한 채권자에게 채무의 내용에 좇은 변제의 제공을 하여야 하며, 채권의 준점유자와 같은 예외적인 경우를 제외하고 수령권한이 없는 자에 대한 변제는 변제로 인정되지 않는다.

(2) 대물변제

대물변제는 채무자가 부담하는 본래의 급부에 갈음해서 다른 급부를 현실적으로 함으로써 채권을 소멸시키는 것을 말한다. 대물변제가 유효하려면 다른 급부가 현실적으로 이행되어야 하고 다른 급부로 이행하는 것에 대해 채권자의 동의가 있어야 한다.

| 관련판례 |

대물변제로 채무소멸의 효력이 발생하기 위한 요건에 관한 판례

대물변제가 채무소멸의 효력을 발생하려면 채무자가 본래의 이행에 갈음하여 행하는 다른 급부가 현실적인 것이어야 한다. 그리고 채무자가 채권자에게 채무변제와 관련하여 다른 채권을 양도하는 것은 특단의 사정이 없는 한 채무변제를 위한 담보 또는 변제의 방법으로 양도되는 것으로 추정할 것이지 채무변제에 갈음한 것으로 볼 것은 아니어서 채권양도만 있으면 바로 원래의 채권이 소멸한다고 볼 수는 없고 채권자가 양도받은 채권을 변제받음으로써 그 범위 내에서 채무자가 면책되는 것이고, 채권양도가 채무변제에 갈음하여 이루어진 것이라 하더라도 채권양도의 대항요건까지 갖추어야 비로소 대물변제로서 채무소멸의 효력이 생긴다고 보아야 할 것이다(대법원 2012.10.11, 2011다82995 판결).

(3) 공　탁

공탁이란 채권자가 변제를 받지 않거나 받을 수 없는 경우, 변제자가 과실 없이 채권자를 알 수 없는 경우 변제자가 채권자를 위하여 변제의 목적물을 공탁소에 임치함으로써 채무를 면하는 제도를 말한다.

| 관련판례 |

연예인인 갑 등이 연예기획사인 을 주식회사와 전속계약을 체결하고 방송사들의 프로그램에 출연하였는데, 갑 등이 방송사들을 상대로 출연료 지급을 요청하자, 위 방송사들이 '갑 등과 을 회사, 을 회사의 채권양수인 및 채권자들이 출연료채권에 관한 권리를 주장하고 있어 누가 진정한 권리자인지 알 수 없다'는 이유로 각 출연료를 혼합공탁한 사안에서, 위 방송사들과의 출연계약 당사자는 갑 등이고 출연료채권이 갑 등에게 귀속된다고 한 사례

방송사들이 공탁하고 갑 등이 권리를 주장하는 프로그램 출연료에 관하여 직접 근거가 될 수 있는 출연계약서가 존재하지 않는 경우, 방송프로그램 출연계약의 당사자가 누구인지를 확정하기 위해서는 출연계약의 내용, 출연계약 체결의 동기와 경위, 출연계약에 의해 달성하려는 목적, 당사자의 진정한 의사 등을 종합적으로 고찰하여 합리적으로 해석해야 하는데, 출연계약의 특성, 출연계약 체결 당시 연예인으로서 갑 등이 갖고 있었던 영향력과 인지도, 연예기획사와의 전속의 정도 및 출연계약서가 작성되지 아니한 사정 등을 고려하면, 방송사들이 연예인인 갑

등을 출연계약의 상대방으로 하여 직접 프로그램 출연계약을 체결한다는 의사로서 행위하였다고 봄이 타당한 점 등에 비추어, 위 방송사들과의 출연계약 당사자는 갑 등이고 출연료채권이 갑 등에게 귀속된다(대법원 2019.1.17, 2016다256999 판결).

(4) 상　　계

상계라 함은 채권자와 채무자가 같은 종류의 채권과 채무를 가지는 경우 그 채권과 채무를 대등액에서 소멸시키는 일방적 의사표시를 말한다. 상계는 현실적 변제의 번잡한 절차를 생략할 수 있고 서로의 채권, 채무가 변제의 확보수단이 된다.

| 관련판례 1 |

채무자가 채권양도 통지를 받을 당시 이미 상계를 할 수 있는 원인이 있었던 경우, 그 후 상계적상에 이르면 양수인에 대하여 상계로 대항할 수 있는지 여부에 관한 판례

지명채권의 양도는 양도인이 채무자에게 통지하거나 채무자가 승낙하지 않으면 채무자에게 대항하지 못한다(민법 제450조 제1항). 채무자가 채권양도 통지를 받은 경우 채무자는 그때까지 양도인에 대하여 생긴 사유로써 양수인에게 대항할 수 있고(민법 제451조 제2항), 당시 이미 상계할 수 있는 원인이 있었던 경우에는 아직 상계적상에 있지 않더라도 그 후에 상계적상에 이르면 채무자는 양수인에 대하여 상계로 대항할 수 있다(대법원 2019.6.27, 2017다222962 판결).

| 관련판례 2 |

상계적상 시점 이전에 수동채권의 변제기가 이미 도래하여 지체가 발생한 경우에 상계 충당의 방법에 관한 판례

상계에 의한 양 채권의 차액 계산 또는 상계충당은 상계적상의 시점을 기준으로 하게 된다. 따라서 그 시점 이전에 수동채권의 변제기가 이미 도래하여 지체가 발생한 경우에는 상계적상 시점까지의 수동채권의 지연손해금을 계산한 다음 자동채권으로 그 지연손해금을 먼저 소각하고 잔액을 가지고 원본을 소각하여야 한다. 조정을 갈음하는 결정에 대하여 정해진 기간 내에 이의가 없으면 재판상의

화해와 같이 확정판결과 동일한 효력이 있으므로(민사조정법 제30조, 제34조), 당사자 사이에 기판력이 생길 뿐만 아니라 종전의 다툼 있는 법률관계를 바탕으로 한 권리와 의무는 소멸하고 결정된 내용에 따른 새로운 권리의무관계가 성립한다(대법원 2021.7.8, 2021다222266 판결).

(5) 경 개

경개는 하나의 계약으로 구채무를 소멸시키고 동시에 신채무를 성립시키는 것을 내용으로 하는 것을 말한다.

| 관련판례 |

경개의 법적 성질 및 신채무의 불이행을 이유로 경개계약을 해제할 수 있는지 여부 및 경개계약을 합의해제하여 구채권을 부활시킬 수 있는지 여부에 관한 판례

경개계약은 신채권을 성립시키고 구채권을 소멸시키는 처분행위로서 신채권이 성립되면 그 효과는 완결되고 경개계약 자체의 이행의 문제는 발생할 여지가 없으므로 경개에 의하여 성립된 신채무의 불이행을 이유로 경개계약을 해제할 수는 없다.

또한 계약자유의 원칙상 경개계약의 성립 후에 그 계약을 합의해제하여 구채권을 부활시키는 것은 적어도 당사자 사이에서는 가능하다(대법원 2003.2.11. 2002다62333 판결).

(6) 면 제

면제는 채무자에 대한 채권자의 일방적 의사표시로 채무를 소멸시키는 채권의 소멸행위이다.

| 관련판례 |

채권자의 명시적 의사표시가 아닌 어떠한 행위 내지 의사표시의 해석에 의하여 채권의 포기를 인정할 수 있는지 여부 및 이를 인정하기 위한 방법에 관한 판례

채권의 포기(또는 채무의 면제)는 반드시 명시적인 의사표시만에 의하여야 하는 것이 아니고 채권자의 어떠한 행위 내지 의사표시의 해석에 의하여 그것이 채권의 포기라고 볼 수 있는 경우에도 이를 인정하여야 할 것이기는 하나, 이와 같이 인정하기 위하여는 당해 권리관계의 내용에 따라 이에 대한 채권자의 행위 내지 의사표시의 해석을 엄격히 하여 그 적용 여부를 결정하여야 한다(대법원 1987.3.24. 86다카1907,1908 판결, 대법원 2005.4.15. 2004다27150 판결).

(7) 혼 동

혼동은 채권과 채무가 동일인에게 귀속하게 되어 채권을 소멸케 하는 원인을 말한다(민법 제507조).

| 관련판례 1 |

대항력을 갖춘 주택임차인이 당해 임차주택을 경락받아 그 소유권을 취득한 경우에 그 임대차의 종료 여부에 관한 판례

임차주택의 양수인에게 대항할 수 있는 주택임차인이 당해 임차주택을 경락받아 그 대금을 납부함으로써 임차주택의 소유권을 취득한 때에는, 그 주택임차인은 임대인의 지위를 승계하는 결과, 그 임대차계약에 기한 채권이 혼동으로 인하여 소멸하게 되므로 그 임대차는 종료된 상태가 된다(대법원 1998.9. 25, 97다28650 판결).

| 관련판례 2 |

피해자의 보험자에 대한 직접청구권의 전제가 되는 피해자의 운행자에 대한 손해배상청구권이 위 손해배상청구권과 손해배상의무가 상속에 의하여 동일인에게 귀속하는 경우에 혼동으로 소멸하는지 여부에 관한 판례

자동차손해배상보장법 제9조 제1항에 의한 피해자의 보험자에 대한 직접청구권이 수반되는 경우에는 그 직접청구권의 전제가 되는 자동차손해배상보장법 제3

조에 의한 피해자의 운행자에 대한 손해배상청구권은 비록 위 손해배상청구권과 손해배상의무가 상속에 의하여 동일인에게 귀속되더라도 혼동에 의하여 소멸되지 않고 이러한 법리는 자동차손해배상보장법 제3조에 의한 손해배상의무자가 피해자를 상속한 경우에도 동일하지만, 예외적으로 가해자가 피해자의 상속인이 되는 등 특별한 경우에 한하여 손해배상청구권과 손해배상의무가 혼동으로 소멸하고 그 결과 피해자의 보험자에 대한 직접청구권도 소멸한다(대법원 2005.1.14, 2003다38573 판결).

4. 보증채무

보증채무는 가장 전형적인 인적담보제도로 채권자와 보증인 사이에 체결된 보증계약에 의하여 성립하는 채무로서 주채무자가 그 채무를 이행하지 않는 경우에 보증인이 이를 이행하여야 할 채무이다(민법 제428조 제1항).

보증계약이 주채무의 담보목적으로 체결되기 때문에 채무내용이 한편으로는 보증약정에 의해 정해지며, 다른 한편으로는 주채무를 전제로 하여 상호관계적으로 결정된다.

| 관련판례 1 |

보증채무 자체의 이행지체로 인한 지연손해금은 보증한도액과는 별도로 부담하는 것인지 여부 및 보증채무 연체이율의 결정 방법에 관한 판례

보증채무는 주채무와는 별개의 채무이기 때문에 보증채무 자체의 이행지체로 인한 지연손해금은 보증한도액과는 별도인바, 이 경우 보증채무의 연체이율에 관하여 특별한 약정이 있으면 그에 따르고 특별한 약정이 없으면 거래행위의 성질에 따라 상법 또는 민법에서 정한 법정이율에 따르는 것이지, 주채무에 관하여 약정된 연체이율이 당연히 여기에 적용되는 것은 아니다(대법원 2014. 3.13, 2013다205693 판결).

| 관련판례 2 |

주채무에 대한 소멸시효가 완성된 경우에 보증채무의 부종성에 따라 보증채무 역시 당연히 소멸하는지 여부와 이 때 예외적으로 보증채무의 부종성을 부정하기 위한 요건 및 보증인이 주채무의 시효소멸에 원인을 제공하였다는 것만으로 보증채무의 부종성을 부정할 수 있는지 여부에 관한 판례

보증채무에 대한 소멸시효가 중단되는 등의 사유로 완성되지 아니하였다고 하더라도 주채무에 대한 소멸시효가 완성된 경우에는 시효완성의 사실로 주채무가 소멸되므로 보증채무의 부종성에 따라 보증채무 역시 당연히 소멸되는 것이 원칙이다.

다만 보증채무의 부종성을 부정하여야 할 특별한 사정이 있는 경우에는 예외적으로 보증인은 주채무의 시효소멸을 이유로 보증채무의 소멸을 주장할 수 없으나, 특별한 사정을 인정하여 보증채무의 본질적인 속성에 해당하는 부종성을 부정하려면 보증인이 주채무의 시효소멸에도 불구하고 보증채무를 이행하겠다는 의사를 표시하거나 채권자와 그러한 내용의 약정을 하였어야 하고, 단지 보증인이 주채무의 시효소멸에 원인을 제공하였다는 것만으로는 보증채무의 부종성을 부정할 수 없다(대법원 2018.5.15, 2016다211620 판결).

5. 채권의 발생원인

채권은 원칙적으로 당사간의 계약인 법률행위에 의하여 발생한다. 계약이란 서로 대립하는 두 개 이상의 의사표시의 합치를 말하며, 그 중 채권계약만이 채권발생의 원인이 된다.

당사자의 의사와 관계없이 민법은 일정한 이유로 채권과 채무의 발생을 규정하고 있는 것이 있는데, 사무관리와 부당이득 및 불법행위가 그것이다.

(1) 계　약

계약이란 서로 대립하는 두 개 이상의 의사표시의 합치에 의하여 성립하는 법률행위이다. 이때 대립하는 의사표시란 청약과 승낙을 말한다. 계약의 내용은 사적 자치의 원칙에 따라 당사자의 합의에 의하여 자유로이 정할 수 있다. 계약이 성립함으로써 채권은 발생한다.

민법상 전형적인 계약으로는 증여, 매매, 교환, 소비대차, 사용대차, 임대차, 고용, 도급, 여행계약, 현상광고, 위임, 임치, 조합, 종신정기금, 화해 등 15종이 있다.

종래 14종이었으나 2015년 민법개정시 여행계약이 신설되어 15종이 되었다. 이들은 이름이 있는 계약이라 전형계약 또는 유명계약이라고 한다. 전형계약은 민법에서만 규정하고 있는 것이 아니고, 상법에서는 상호계산·운송·임치·보험, 다른 특별법에서는 근로계약·신탁계약·신원보증계약 등을 규정하고 있다. 전형계약이 아닌 계약을 비전형계약이라 하는데, 법률상 이름이 없다고 하여 무명계약이라 한다. 계약이라 함은 채권의 발생을 목적으로 하는 채권계약만을 이르고 물권계약이나 신분법상의 계약을 말하지 않는다.

(2) 사무관리

사무관리는 관리자가 (법률상 또는 계약상) 의무 없이 타인을 위하여 그의 사무를 처리해 줌으로써 생기는 관리자와 본인 사이의 법정채권관계를 말한다. 사무관리를 하는 자는 그 사무의 성질에 좇아 가장 본인에게 이익이 되는 방법으로 이를 관리하여야 한다(민법 제734조).

관리자가 일단 관리를 개시한 때에는 지체 없이 본인에게 통지하여야 하며 그 본인이나 상속인 또는 법정대리인이 그 사무를 관리할 때까지는 본인의 의사에 반하거나 본인에게 불리함이 명백하지 않는 한 그 관리를 계속하여야 한다(민법 제736조·제737조).

| 관련판례 |

사인이 국가의 사무를 처리한 경우, 사무관리가 성립하기 위한 요건에 관한 판례

사무관리가 성립하기 위하여는 우선 사무가 타인의 사무이고 타인을 위하여 사무를 처리하는 의사, 즉 관리의 사실상 이익을 타인에게 귀속시키려는 의사가 있어야 하며, 나아가 사무의 처리가 본인에게 불리하거나 본인의 의사에 반한다는 것이 명백하지 아니할 것을 요한다. 다만 타인의 사무가 국가의 사무인 경우, 원칙적으로 사인이 법령상 근거 없이 국가의 사무를 수행할 수 없다는 점을 고려하면, 사인이 처리한 국가의 사무가 사인이 국가를 대신하여 처리할 수 있는 성질의 것으로서, 사무 처리의 긴급성 등 국가의 사무에 대한 사인의 개입이 정당화되는 경우에 한하여 사무관리가 성립하고, 사인은 그 범위 내에서 국가에 대하여 국가의 사무를 처리하면서 지출된 필요비 내지 유익비의 상환을 청구할 수 있다(대법원 2014.12.11, 2012다15602 판결).

(3) 부당이득

부당이득은 법률상 원인 없이 타인의 재산 또는 노무로 인하여 이익을 얻고 이로 인해 타인에게 손해를 가하는 것을 말한다. 이러한 경우 이익을 얻은 자는 그로 인하여 손해를 입은 타인에게 그 이익을 반환하여야 한다(민법 제741조).

그러나 첫째, 채무가 없음을 알고 이를 변제한 때에는 비채변제라 하여 그 반환을 청구하지 못한다(민법 제742조). 둘째, 채무를 변제할 시기가 되지 아니한 채무를 변제한 때에는 그 반환을 청구하지 못한다. 그러나 채무자가 착오로 인하여 변제한 때에는 채권자는 이로 인하여 이익을 반환하여야 한다(민법 제743조). 셋째, 채무없는 자가 착오로 인하여 변제한 경우에 그 변제가 도의관념에 적합한 때에는 그 반환을 청구하지 못한다(민법 제744조). 넷째, 채무자 아닌 자가 착오로 인하여 타인의 채무를 변제한 경우에 채권자가 선의로 증서를 훼멸하거나 담보를 포기하거나 시효로 인하여 그 채권을 잃은 때에는 변제자는 그 반환을 청구하지 못한다. 이 경우에 변제자는 채무자에 대하여 구상권을 행사할 수 있다(민법 제745조). 다섯째, 불법의 원인으로 인하여 재산을 급여하거나 노무를 제공한 때에는 그 이익의 반환을 청구하지 못한다(민법 제746조). 이러한 불법원인급여에 대한 반환 즉 사회적 타당성이 없는 행위의 결과를 복구하려고 꾀하는 자에 대해서는 협력을 거절하겠다고 정한 것이다.

| 관련판례 1 |

매매계약이 해제된 경우에 매수인이 목적물을 인도받아 사용하였다면 사용이익 반환의무를 부담하는지 여부 및 이때 반환하여야 할 사용이익의 범위(=매수인이 점유·사용한 기간 동안의 임료 상당액)에 관한 판례

매매계약이 해제된 경우에 매수인이 목적물을 인도받아 사용하였다면 원상회복으로서 그 목적물을 반환하는 외에 그 사용이익을 반환할 의무를 부담하고, 여기에서 사용이익의 반환의무는 부당이득 반환의무에 해당하므로, 특별한 사정이 없는 한 매수인이 점유·사용한 기간 동안 그 재산으로부터 통상 수익할 수 있을 것으로 예상되는 이익, 즉 임료 상당액을 매수인이 반환하여야 할 사용이익으로 보아야 한다(대법원 2021.7.8, 2020다290804 판결).

| 관련판례 2 |

불법원인급여에서 수익자의 불법성이 급여자의 불법성보다 현저히 큰 데 반하여 급여자의 불법성은 미약한 경우, 급여자의 부당이득반환청구의 허용 여부에 관한 판례

민법 제746조에 의하면, 불법의 원인으로 인한 급여가 있고, 그 불법원인이 급여자에게 있는 경우에는 수익자에게 불법원인이 있는지 여부, 수익자의 불법원인의 정도, 그 불법성이 급여자의 그것보다 큰지 여부를 막론하고 급여자는 불법원인급여의 반환을 구할 수 없는 것이 원칙이나, 수익자의 불법성이 급여자의 그것보다 현저히 큰 데 반하여 급여자의 불법성은 미약한 경우에도 급여자의 반환청구가 허용되지 않는다면 공평에 반하고 신의성실의 원칙에도 어긋나므로, 이러한 경우에는 민법 제746조 본문의 적용이 배제되어 급여자의 반환청구는 허용된다(대법원 1999.9.17, 98도2036 판결).

| 관련판례 3 |

윤락행위를 할 사람을 고용하면서 성매매의 유인·권유·강요의 수단으로 이용되는 선불금 등 명목으로 제공한 금품이나 그 밖의 재산상 이익 등이 불법원인급여에 해당하는지 여부 및 성매매의 직접적 대가로서 제공한 경제적 이익 외에 성매매를 전제하고 지급하였거나 성매매와 관련성이 있는 경제적 이익도 불법원인급여에 해당하는지 여부에 관한 판례

성매매알선 등 행위의 처벌에 관한 법률 제10조는 성매매알선 등 행위를 한 사람 또는 성을 파는 행위를 할 사람을 고용한 사람이 그 행위와 관련하여 성을 파는 행위를 하였거나 할 사람에게 가지는 채권은 그 계약의 형식이나 명목에 관계없이 무효로 한다고 규정하고 있고, 부당이득의 반환청구가 금지되는 사유로 민법 제746조가 규정하는 불법원인급여는 그 원인이 되는 행위가 선량한 풍속 기타 사회질서에 반하는 경우를 말하는바, 윤락행위 및 그것을 유인·강요하는 행위는 선량한 풍속 기타 사회질서에 반하므로, 윤락행위를 할 사람을 고용하면서 성매매의 유인·권유·강요의 수단으로 이용되는 선불금 등 명목으로 제공한 금품이나 그 밖의 재산상 이익 등은 불법원인급여에 해당하여 그 반환을 청구할 수 없고, 나아가 성매매의 직접적 대가로서 제공한 경제적 이익뿐만 아니라 성매매를 전제하고 지급하였거나 성매매와 관련성이 있는 경제적 이익이면 모두 불법원인급여에 해당하여 반환을 청구할 수 없다고 보아야 한다(대법원 2013.6.14, 2011다65174 판결).

(4) 불법행위

불법행위는 고의 또는 과실로 인한 위법행위로 타인에게 손해를 가하는 것을 말한다. 이러한 행위를 한 자는 그 손해를 배상할 책임이 있다(민법 제750조). 불법행위로 타인의 신체, 자유 또는 명예를 해하거나 기타 정신상 고통을 가한 경우 재산 이외의 손해에 대하여도 배상할 책임이 있다(민법 제751조).

타인의 불법행위로 인하여 손해를 입은 자는 개인에 대한 책임으로서의 손해배상과 사회에 대한 책임으로서의 형사상의 책임을 물을 수 있다. 그러나 타인의 불법행위에 대하여 자기 또는 제3자의 이익을 방위하기 위하여 부득이 타인에게 손해를 가한 경우 예컨대 정당방위나 긴급피난 등은 위법성이 조각되므로 가해자는 손해를 배상할 책임이 없다. 그러나 피해자는 불법행위에 대하여 손해의 배상을 청구할 수 있다(민법 제761조).

불법행위로 인한 손해배상청구권의 소멸시효는 그 손해 및 가해자를 안 날로부터 3년, 불법행위가 있었던 날로부터 10년이다(민법 제766조).

| 관련판례 1 |

개인정보자기결정권의 보호대상이 되는 개인정보의 의미 및 공적 생활에서 형성되었거나 이미 공개된 개인정보가 이에 포함되는지 여부 및 국회의원 갑 등이 '각급학교 교원의 교원단체 및 교원노조 가입현황 실명자료'를 인터넷을 통하여 공개한 행위가 해당 교원들의 개인정보자기결정권 등을 침해하는 것으로 위법하다고 한 사례

인간의 존엄과 가치, 행복추구권을 규정한 헌법 제10조 제1문에서 도출되는 일반적 인격권 및 헌법 제17조의 사생활의 비밀과 자유에 의하여 보장되는 개인정보자기결정권은 자신에 관한 정보가 언제 누구에게 어느 범위까지 알려지고 또 이용되도록 할 것인지를 정보주체가 스스로 결정할 수 있는 권리이다. 개인정보자기결정권의 보호대상이 되는 개인정보는 개인의 신체, 신념, 사회적 지위, 신분 등과 같이 개인의 인격주체성을 특징짓는 사항으로서 개인의 동일성을 식별할 수 있게 하는 일체의 정보라고 할 수 있고, 반드시 개인의 내밀한 영역에 속하는 정보에 국한되지 않고 공적 생활에서 형성되었거나 이미 공개된 개인정보까지 포함한다. 또한 그러한 개인정보를 대상으로 한 조사 · 수집 · 보관 · 처리 · 이용 등의 행위는 모두 원칙적으로 개인정보자기결정권에 대한 제한에 해당한다.

국회의원인 갑 등이 '각급학교 교원의 교원단체 및 교원노조 가입현황 실명자료'를 인터넷을 통하여 공개한 사안에서, 위 정보는 개인정보자기결정권의 보호대상이 되는 개인정보에 해당하므로 이를 일반 대중에게 공개하는 행위는 해당 교원들의 개인정보자기결정권과 전국교직원노동조합의 존속, 유지, 발전에 관한 권리를 침해하는 것이고, 갑 등이 위 정보를 공개한 표현행위로 인하여 얻을 수 있는 법적 이익이 이를 공개하지 않음으로써 보호받을 수 있는 해당 교원 등의 법적 이익에 비하여 우월하다고 할 수 없으므로, 갑 등의 정보 공개행위는 위법하다(대법원 2014.7.24, 2012다49933 판결).

| 관련판례 2 |

언론이 사설을 통하여 공적인 존재에 대하여 비판적인 의견을 표명하는 것이 의견표명으로서 한계를 일탈하여 불법행위가 되는 경우 및 국회의원의 직무활동에 대한 비판의 경우, 감시·비판·견제라는 언론 본연의 기능에 대한 제한의 한계 및 국회의원 갑이 국회 여성위원회에서 한 발언에 대하여 을 신문사가 사설 제목에서 갑이 언론을 상대로 '성폭행적 폭언'을 하였다고 표현하고, 본문에서 "언론인들 얼굴에 오물을 던진 것" 등이라고 표현한 사안에서, 사설의 전체적인 내용과 취지 등 제반 사정에 비추어 위 표현들이 지나치게 모멸적인 언사에 의한 인신공격에 해당하여 의견표명으로서 한계를 일탈하였다고 보기 어렵다고 한 사례

언론이 사설을 통하여 공적인 존재에 대하여 비판적인 의견을 표명하는 것은 언론 본연의 기능에 속하는 것이므로 원칙적으로 위법하다고 볼 수 없다. 다만 표현행위의 형식 및 내용 등이 모욕적이고 경멸적인 인신공격에 해당하거나 또는 타인의 신상에 관하여 다소간의 과장을 넘어서서 사실을 왜곡하는 공표행위를 하는 등으로써 인격권을 침해한 경우에는 의견표명으로서의 한계를 일탈한 것으로서 불법행위가 될 수 있다.

특히 공직자나 정치인과 같은 공적인 존재의 도덕성, 청렴성의 문제나 직무활동이 정당하게 이루어지고 있는지 여부는 항상 국민의 감시와 비판의 대상이 되어야 한다는 점을 감안할 때, 그에 대한 감시와 비판 기능은 그것이 악의적이거나 현저히 상당성을 잃었다고 볼 정도에 이르지 아니하는 한 쉽게 제한되어서는 아니 된다. 더욱이 국민의 대표자인 국회의원은 입법과 국정통제 등에 관한 광범위한 권한을 부여받고 나아가 직무를 적절히 수행할 수 있도록 면책특권을 보장받는 등으로 통상의 공직자 등과 현격히 다른 발언의 자유를 누리는 만큼 직무활동에 대한 비판도 보다 신축성 있게 수인되어야 하고, 그에 대한 감시·비판·견제

라는 언론 본연의 기능이 함부로 위축되어서는 아니 된다.

국회의원 갑이 국회 여성위원회에서 "언론사는 권력기관이기 때문에 성매매 예방교육을 강제하여야 한다"는 취지의 발언을 하였는데, 을 신문사가 사설 제목에서 甲이 언론을 상대로 '성폭행적 폭언'을 하였다고 표현하고, 본문에서 "언론인들 얼굴에 오물을 던진 것", "모략성 흑색 유언비어를 악용해 특정인과 특정 직업집단 전체에 침을 뱉는 파렴치한 탈선", "정상적 의원으로서, 정상적 인간으로서의 선을 넘었다"라고 표현한 사안에서, 위 사설의 전체적인 취지는 국회의원의 국회 발언에 면책특권이 있다고 하여 언론인과 같은 특정 집단 전체를 성상납을 받거나 성매매를 하는 집단으로 모욕을 주어서는 안 된다는 내용인 점, 사설의 전체적인 내용과 취지로 볼 때 갑에게 악의적으로 모욕을 가할 목적으로 작성된 사설이라고 보기 어려운 점, 갑의 발언은 종국적으로 언론인에 대하여 성매매 예방교육을 강제하는 법안 발의에 관련된 것으로서 공공의 이해에 관한 사항이고 다양한 비판과 문제제기가 허용되어야 할 사안인 점 등에 비추어 보면, 위와 같은 표현들이 지나치게 모멸적인 언사에 의한 인신공격에 해당하여 의견표명으로서의 한계를 일탈하였다고 보기 어렵다(대법원 2014.8.20, 2012다19734 판결).

| 관련판례 3 |

과실상계 또는 책임제한에 관한 사실인정이나 비율을 정하는 기준 및 이 때 가해자의 손해배상책임을 면제할 수 있는지 여부에 관한 판례

과실상계 또는 책임제한에 관한 사실인정이나 비율을 정하는 것이 사실심의 전권사항이라고 하더라도, 그것이 형평의 원칙에 비추어 불합리하여서는 아니 되며, 특히 가해자의 손해배상책임을 면제하는 것은 실질적으로 가해자의 손해배상책임을 부정하는 것과 다름이 없으므로, 불법행위로 인한 피해자의 손해가 실질적으로 전부 회복되었다거나 손해를 전적으로 피해자에게 부담시키는 것이 합리적이라고 볼 수 있는 등의 특별한 사정이 없는 한 가해자의 책임을 함부로 면제하여서는 아니 된다(대법원 2014.11.27, 2011다68357 판결).

관련판례 4

허위사실 유포 등의 행위로 인하여 형성된 가격으로 발행시장 또는 유통시장에서 주식을 취득한 투자자가 불법행위를 이유로 민법상 손해배상청구를 하는 경우, 투자자가 입은 손해를 산정하는 방법에 관한 판례

허위사실 유포 등의 행위로 인하여 형성된 가격으로 발행시장 또는 유통시장에서 주식을 취득한 투자자가 그러한 불법행위를 이유로 민법상 손해배상청구를 하는 경우, 투자자가 입은 손해는 그와 같은 위법행위가 없었더라면 취득 당시 형성되었으리라고 인정되는 정상주가와 위법행위로 인하여 형성된 주가로서 투자자가 주식 취득을 위하여 실제 지급한 금액과의 차액 상당(투자자가 정상주가 이상의 가격으로 매도한 경우에는 실제 지급한 금액과 매도주가와의 차액 상당)으로 볼 수 있다. 여기서 정상주가를 산정할 때에는, 전문가의 감정을 통하여 그와 같은 위법행위의 영향을 받은 기간(사건기간) 중의 주가동향과 위법행위가 없었더라면 진행되었을 주가동향을 비교하여 그 차이가 통계적으로 의미가 있는 경우 위법행위의 영향으로 주가가 변동되었다고 보고, 사건기간 이전 또는 이후 일정 기간의 종합주가지수, 업종지수 및 동종업체의 주가 등 공개된 지표 중 가장 적절한 것을 바탕으로 도출한 회귀방정식을 이용하여 사건기간 동안의 정상수익률을 산출한 다음 이를 기초로 사건기간 중의 정상주가를 추정하는 금융경제학적 방식 등의 합리적인 방법에 의할 수 있다허위사실 유포 등의 행위로 인하여 형성된 가격으로 발행시장 또는 유통시장에서 주식을 취득한 투자자가 그러한 불법행위를 이유로 민법상 손해배상청구를 하는 경우, 투자자가 입은 손해는 그와 같은 위법행위가 없었더라면 취득 당시 형성되었으리라고 인정되는 정상주가와 위법행위로 인하여 형성된 주가로서 투자자가 주식 취득을 위하여 실제 지급한 금액과의 차액 상당(투자자가 정상주가 이상의 가격으로 매도한 경우에는 실제 지급한 금액과 매도주가와의 차액 상당)으로 볼 수 있다. 여기서 정상주가를 산정할 때에는, 전문가의 감정을 통하여 그와 같은 위법행위의 영향을 받은 기간(사건기간) 중의 주가동향과 위법행위가 없었더라면 진행되었을 주가동향을 비교하여 그 차이가 통계적으로 의미가 있는 경우 위법행위의 영향으로 주가가 변동되었다고 보고, 사건기간 이전 또는 이후 일정 기간의 종합주가지수, 업종지수 및 동종업체의 주가 등 공개된 지표 중 가장 적절한 것을 바탕으로 도출한 회귀방정식을 이용하여 사건기간 동안의 정상수익률을 산출한 다음 이를 기초로 사건기간 중의 정상주가를 추정하는 금융경제학적 방식 등의 합리적인 방법에 의할 수 있다(대법원 2015.5.14, 2013다11621 판결).

| 관련판례 5 |

의사의 의료행위에 주의의무 위반이 있어 불법행위로 인한 손해배상액을 정할 때 체질적인 소인 또는 질병의 위험도 등 피해자 측의 귀책사유와 무관한 피해자 측의 요인을 참작할 수 있는지 여부 및 이 때 책임제한에 관한 사실인정이나 비율을 정하는 것의 한계 / 의사나 간호사 등에게 요구되는 통상적인 주의의무를 소홀히 하여 피해가 발생한 경우, 단지 치료 과정에서 손해가 발생하였다는 등의 이유만으로 손해배상책임을 제한할 수 있는지 여부에 관한 판례

의사의 의료행위에 주의의무 위반이 있어 불법행위로 인한 손해배상책임이 인정되더라도 손해가 의료행위의 과오와 피해자 측의 요인이 경합하여 손해가 발생하거나 확대된 경우에는 피해자 측의 요인이 체질적인 소인 또는 질병의 위험도와 같이 피해자 측의 귀책사유와 무관한 것이라고 할지라도, 질환의 태양·정도 등에 비추어 가해자에게 손해의 전부를 배상하게 하는 것이 공평의 이념에 반하는 경우에는, 법원은 손해배상액을 정하면서 과실상계의 법리를 유추적용하여 손해의 발생 또는 확대에 기여한 피해자 측의 요인을 참작할 수 있다. 다만 책임제한에 관한 사실인정이나 비율을 정하는 것이 형평의 원칙에 비추어 현저하게 불합리하여서는 아니 된다. 그러나 질병의 특성, 치료방법의 한계 등으로 의료행위에 수반되는 위험을 감내해야 한다고 볼 만한 사정도 없이, 의료행위와 관련하여 일반적으로 요구되는 판단능력이나 의료기술 수준 등에 비추어 의사나 간호사 등에게 요구되는 통상적인 주의의무를 소홀히 하여 피해가 발생한 경우에는 단지 치료 과정에서 손해가 발생하였다는 등의 막연한 이유만으로 손해배상책임을 제한할 것은 아니다(대법원 2016.6.23, 2015다55397 판결).

| 관련판례 6 |

불법행위로 인한 손해배상청구권의 성립 시기(=현실적으로 손해가 발생한 때) 및 그 판단 기준에 관한 판례

불법행위로 인한 손해배상청구권은 현실적으로 손해가 발생한 때에 성립하는 것이고, 현실적으로 손해가 발생하였는지 여부는 사회통념에 비추어 객관적이고 합리적으로 판단하여야 한다(대법원 2021.3.11, 2017다179,186 판결).

| 관련판례 7 |

상해의 후유증 등으로 불법행위 당시에는 예견할 수 없었던 손해가 발생하였다거나 손해가 확대된 경우, 그 부분에 대한 손해배상청구권의 소멸시효 기산점 / 전문적인 감정 등을 통해서 상해를 입은 피해자의 여명에 관한 예측을 토대로 손해배상의 범위가 결정되어 일시금 지급방식으로 배상이 이루어졌는데, 이후 예측된 여명기간을 지나 피해자가 계속 생존하는 경우, 추가로 발생하는 손해로 인한 배상청구권의 소멸시효 기산점 및 후유장애로 장래에 계속적으로 지출될 치료비나 개호비 등의 지급방식을 정하는 데 법원이 고려할 사항에 관한 판례

불법행위로 인한 손해배상청구권은 민법 제766조 제1항에 따라 피해자나 그 법정대리인이 그 손해와 가해자를 안 날부터 3년간 행사하지 않으면 소멸시효가 완성한다. 여기에서 손해를 안다는 것은 현실로 손해가 발생한 것을 안 경우뿐만 아니라 손해발생을 예견할 수 있을 때를 포함한다. 이 때 그 손해의 정도나 액수를 구체적으로 알아야 하는 것은 아니므로, 일반적으로 상해의 피해자는 상해를 입었을 때 그 손해를 알았다고 보아야 할 것이지만, 그 후 후유증 등으로 불법행위 당시에는 전혀 예견할 수 없었던 새로운 손해가 발생하였다거나 예상외로 손해가 확대된 경우에는 그러한 사유가 판명된 때에 새로이 발생하거나 확대된 손해를 알았다고 보아야 한다. 이와 같이 새로이 발생하거나 확대된 손해 부분에 대해서는 그러한 사유가 판명된 때부터 민법 제766조 제1항에서 정한 소멸시효기간이 진행된다.

전문적인 감정 등을 통해서 상해를 입은 피해자의 여명에 관한 예측을 토대로 손해배상의 범위가 결정되어 소송 또는 합의 등을 통하여 정기금 지급방식이 아닌 일시금 지급방식으로 배상이 이루어졌는데, 이후 예측된 여명기간을 지나 피해자가 계속 생존하게 되면 종전에 배상이 이루어질 당시에는 예상할 수 없었던 새로운 손해가 발생할 수 있다. 이 경우 예측된 여명기간 내에 그 기간을 지나 생존할 것을 예상할 수 있는 사정이 생겼다면 그 때에, 그러한 사정이 발생하지 않고 예측된 여명기간이 지나면 그때에 장래에 발생 가능한 손해를 예견할 수 있다고 보아야 한다. 따라서 종전에 손해배상 범위 결정의 전제가 된 여명기간을 지나 피해자가 생존하게 되어 발생하는 손해로 인한 배상청구권은 늦어도 종전에 예측된 여명기간이 지난 때부터 민법 제766조 제1항에서 정한 소멸시효기간이 진행된다.

불법행위의 피해자가 후유장애로 장래에 계속적으로 치료비나 개호비 등을 지출하여야 하는 경우에 정기금 지급과 일시금 지급 중 어느 방식으로 손해배상을 청구할 것인지는 원칙적으로 피해자 자신이 선택할 수 있다. 다만 식물인간 등의

경우와 같이 그 후유장애의 계속기간이나 잔존여명이 단축된 정도 등을 확정하기 곤란하여 일시금 지급방식에 의한 손해배상이 사회정의와 형평의 이념에 비추어 현저하게 불합리한 결과를 초래할 우려가 있다고 인정될 때에는 피해자가 일시금 지급을 청구하였더라도 법원이 재량에 따라 정기금 지급을 명하는 판결을 할 수 있다. 특히 전문적인 감정 등을 거쳐 예측된 여명기간을 기준으로 소송 등을 통하여 손해배상이 이루어진 다음 피해자가 예측된 여명기간을 지나서 생존하여 추가 손해가 발생한 경우에는 새로운 여명기간의 예측에 대한 불확실성이 더욱 커지므로, 이러한 경우 법원으로서는 손해배상을 일시금 지급방식으로 정하는 데 더욱 신중을 기할 필요가 있다(대법원 2021. 7. 29, 2016다11257 판결).

<요 약>

(1) 물권이란 특정의 물건을 직접 지배하여 이익을 얻는 배타적 권리
채권이란 특정인이 특정인에 대하여만 급부를 청구할 수 있는 권리

(2) 물권법정주의
물권의 종류와 내용은 민법 기타의 법률 또는 관습법에서 정하는 것에 한하여 인정되며, 당사자가 그 밖의 물권을 창설하는 것이 금지된다는 원칙

(3) 물권의 종류

(가) 점유권과 본권

① 점유권 : 물건을 지배할 수 있는 법률상의 권원의 유무를 묻지 않고 물건을 사실상 지배하고 있는 현재의 상태 그 자체를 보호하는 것을 목적으로 하는 권리

② 본권 : 물건에 대한 사실적 지배를 묻지 않고 그 물건을 지배할 수 있는 권리

(나) 본 권

① 소유권 : 객체인 물건을 전적으로, 즉 물건이 가지는 사용가치와 교환가치의 전부를 지배할 수 있는 권리

② 제한물권 : 물건의 사용가치나 교환가치의 어느 하나에 대해서만 지배할 수 있는 권리

㉮ 용익물권 : 타인의 토지 또는 건물을 일정한 목적을 위하여 사용 · 수익할 수 있는 물권

ⓐ 지상권 : 타인의 토지에 건물 기타 공작물이나 수목을 소유하기 위하여 그 토지를 사용하는 권리

ⓑ 지역권 : 일정한 목적을 위하여 타인의 토지를 자기 토지의 편익에 이

용하는 권리

ⓒ 전세권 : 전세금을 지급하고 타인의 부동산을 점유하여 그 부동산의 용도에 좇아 사용 · 수익하며, 그 부동산 전부에 대하여 후순위권리자 기타 채권자보다 전세금을 우선변제 받을 수 있는 권리

㈏ 담보물권 : 일정한 물건을 채권의 담보에 제공하는 것을 목적으로 하는 물권

ⓐ 유치권 : 타인의 물건이나 유가증권을 점유한 자가 그 물건이나 유가증권에 관하여 생긴 채권이 변제기에 있는 경우에 그 채권을 변제받을 때까지 그 물건이나 유가증권을 유치할 수 있는 권리

ⓑ 질권 : 채권자가 채권의 담보로서 채무자 또는 제3자(물상보증인)가 제공한 동산 또는 재산권을 점유하고 그 변제가 없을 때에는 그 동산 또는 재산권으로부터 우선변제를 받는 약정담보물권

ⓒ 저당권 : 채권자가 채무자 또는 제3자(물상보증인)로부터 점유를 옮기지 않고 그 채권의 담보로 제공된 목적물(부동산)에 대하여 일반 채권자에 우선하여 변제를 받을 수 있는 약정담보물권

(4) 물권변동

물권의 동일성을 해하지 않는 범위 내에서 물권의 주체 · 객체 · 내용 및 작용에 대하여 생기는 변화 즉 물권의 발생 · 변경 · 소멸을 통틀어 이르는 말

(5) 채무불이행

채무자에게 책임 있는 사유로 채무의 내용에 따른 이행이 이루어지지 않고 있는 상태를 통틀어 일컫는 말

① 이행지체 : 채무가 이행기에 있고 또 그 이행이 가능함에도 불구하고 채무자의 책임 있는 사유로 채무의 내용에 좇은 이행을 하지 않고 있는 것

② 이행불능 : 채권이 성립된 이후 채무자의 책임 있는 사유로 그 이행이 불가능하게 된 경우

③ 불완전이행 : 채무의 이행은 하였으나 그것이 채무의 내용에 좇은 것이 아닌 불완전한 경우

(6) 채무불이행에 대한 구제

강제이행(집행 면에서 보면 강제집행)과 손해배상

(7) 채권의 소멸

채권이 종국적으로 존재하지 않게 되는 경우

(8) 채권의 소멸원인

변제 · 대물변제 · 공탁 · 상계 · 경개 · 면제 · 혼동

(9) 보증채무

채권자와 보증인 사이에 체결된 보증계약에 의하여 성립하는 채무로서 주채무자

가 그 채무를 이행하지 않는 경우에 보증인이 이를 이행하여야 할 채무

(10) 채권의 발생원인

계약 · 사무관리 · 부당이득 · 불법행위

제 10 장

주택임대차보호법의 이해

Ⅰ. 주택임대차보호법의 입법취지
Ⅱ. 주택임대차보호법의 적용범위
Ⅲ. 주택임차권의 대항력
Ⅳ. 주택임대차의 존속기간
Ⅴ. 임차보증금의 회수

제10장 주택임대차보호법의 이해

Ⅰ. 주택임대차보호법의 입법취지

주택임대차보호법은 주택의 임대차에 관하여 민법에 대한 특례를 규정함으로써 무주택국민의 주거생활의 안정을 보장하고 임차인의 불편을 해소함은 물론 그 임차권을 보호하여 안정된 임차생활을 영위할 수 있도록 하려는 취지에서 1981년 제정되었다. 법 제1조에서 "이 법은 주거용 건물의 임대차에 관하여 '민법'에 대한 특례를 규정함으로써 국민 주거생활의 안정을 보장함을 목적으로 한다."라고 규정하여 이를 확실히 하고 있다.

| 관련판례 1 |

미등기 또는 무허가 건물도 주택임대차보호법의 적용대상이 되는지 여부에 관한 판례

주택임대차보호법은 주택의 임대차에 관하여 민법에 대한 특례를 규정함으로써 국민의 주거생활의 안정을 보장함을 목적으로 하고 있고, 주택의 전부 또는 일부의 임대차에 관하여 적용된다고 규정하고 있을 뿐 임차주택이 관할관청의 허가를 받은 건물인지, 등기를 마친 건물인지 아닌지를 구별하고 있지 아니하므로, 어느 건물이 국민의 주거생활의 용도로 사용되는 주택에 해당하는 이상 비록 그 건물에 관하여 아직 등기를 마치지 아니하였거나 등기가 이루어질 수 없는 사정이 있

다고 하더라도 다른 특별한 규정이 없는 한 같은 법의 적용대상이 된다(대법원 2007.6.21, 2004다26133 전원합의체 판결).

| 관련판례 2 |

임대차계약의 주된 목적이 주택의 사용·수익보다 소액임차인으로 보호받아 기존채권을 회수하려는 데 있는 경우, 주택임대차보호법상의 소액임차인으로 보호받을 수 있는지 여부에 관한 판례

주택임대차보호법의 입법목적과 소액임차인 보호제도의 취지 등을 고려할 때, 채권자가 채무자 소유의 주택에 관하여 채무자와 임대차계약을 체결하고 전입신고를 마친 다음 그곳에 거주하였다고 하더라도, 임대차계약의 주된 목적이 주택을 사용·수익하려는 것에 있는 것이 아니고 소액임차인으로 보호받아 선순위 담보권자에 우선하여 채권을 회수하려는 것에 주된 목적이 있었던 경우에는, 그러한 임차인을 주택임대차보호법상 소액임차인으로 보호할 수 없다(대법원 2008.5.15, 2007다23203 판결).

II. 주택임대차보호법의 적용범위

이 법은 주거용 건물(이하 '주택'이라 한다)의 전부 또는 일부의 임대차에 관하여 적용한다. 그 임차주택의 일부가 주거 외의 목적으로 사용되는 경우에도 또한 같다(법 제2조).

| 관련판례 1 |

건물의 일부로서 주거용과 비주거용으로 겸용되는 임대차목적물이 주택임대차보호법 제2조에 정한 주거용 건물에 해당하는지 여부의 판단 기준 및 전체 건물 중 1층인 임대차목적물이 공부상 소매점으로 표시되어 있으나, 건축 당시부터 그 면적의 절반 정도가 방(2칸)으로, 나머지 절반 정도가 소매점 등 영업소를 하기 위한 홀(Hall)로 건축되어 있었고, 그러한 상태에서 임차인이 가족들과 함께 거주하면서 음식점을 영업하여 온 사실 등을 인정하여, 위 임대차목적물이 주택임대차보호법 제2조에 정한 주거용 건물에 해당한다고 판단한 사례

주택임대차보호법 제2조 소정의 주거용 건물에 해당하는지 여부는 임대차목적물의 공부상의 표시만을 기준으로 할 것이 아니라 그 실지 용도에 따라서 정하여야 하고, 건물의 일부가 임대차의 목적이 되어 주거용과 비주거용으로 겸용되는 경우에는 구체적인 경우에 따라 그 임대차의 목적, 전체 건물과 임대차목적물의 구조와 형태 및 임차인의 임대차목적물의 이용관계, 그리고 임차인이 그 곳에서 일상생활을 영위하는지 여부 등을 아울러 고려하여 합목적적으로 결정하여야 할 것이다.

원심이 그 거시 증거들에 의하여, 이 사건 건물 중 1층이 공부상으로는 소매점으로 표시되어 있으나 건축 당시부터 그 면적의 절반 정도는 방(2칸)으로, 나머지 절반 정도는 소매점 등 영업소를 하기 위한 홀(Hall)로 건축되어 있었고, 그러한 상태에서 피고가 이를 임차한 후 그 가족들과 함께 거주하면서 음식점 영업을 하여 온 사실, 그 중 방 부분은 음식점 영업시에는 손님을 받는 곳으로 사용하고 그 때 외에는 주거용으로 사용하여 온 사실, 피고의 가족은 4인으로 이 사건 건물 1층 외에는 달리 주택이 없는 사실을 인정한 다음, 피고가 점유하고 있는 이 사건 건물 1층은 주택임대차보호법 제2조 후문에서 정한 주거용 건물에 해당한다고 판단하였음은 옳다(대법원 1996.5.31, 96다5971 판결).

| 관련판례 2 |

공부상 단층 작업소 및 근린생활시설로 실제 주거용과 비주거용으로 겸용되고 있는 건물을 주택임대차보호법 제2조 후문 소정의 주거용 건물로 인정한 사례

건물이 공부상으로는 단층 작업소 및 근린생활시설로 표시되어 있으나 실제로 갑은 주거 및 인쇄소 경영 목적으로, 을은 주거 및 슈퍼마켓 경영 목적으로 임차하여 가족들과 함께 입주하여 그 곳에서 일상생활을 영위하는 한편 인쇄소 또는

슈퍼마켓을 경영하고 있으며, 갑의 경우는 주거용으로 사용되는 부분이 비주거용으로 사용되는 부분보다 넓고, 을의 경우는 비주거용으로 사용되는 부분이 더 넓기는 하지만 주거용으로 사용되는 부분도 상당한 면적이고, 위 각 부분이 갑·을의 유일한 주거인 경우 주택임대차보호법 제2조 후문에서 정한 주거용 건물로 인정함이 상당하다(대법원 1995.3.10, 94다52522 판결).

| 관련판례 3 |

점포 및 사무실로 사용되던 건물에 근저당권이 설정된 후 그 건물이 주거용 건물로 용도 변경된 경우, 이를 임차한 소액임차인이 근저당권자에 대하여 우선변제권이 있는지 여부에 관한 판례

주택임대차보호법은 주거용 건물의 임대차에 관하여 민법에 대한 특례를 규정함으로써 국민 주거생활의 안정을 보장함을 목적으로 하고 있으므로(법 제1조), 합리적 이유나 근거 없이 그 적용대상을 축소하거나 제한하는 것은 허용되지 않는다고 할 것인바, 주택임대차보호법 제2조가 주거용 건물의 전부 또는 일부의 임대차에 관하여 적용된다고 규정하고 있을 뿐 임차주택이 관할관청의 허가를 받은 건물인지, 등기를 마친 건물인지 아닌지를 구별하고 있지 아니하며, 건물 등기부상 '건물내역'을 제한하고 있지도 않으므로, 점포 및 사무실로 사용되던 건물에 근저당권이 설정된 후 그 건물이 주거용 건물로 용도 변경되어 이를 임차한 소액임차인도 특별한 사정이 없는 한 주택임대차보호법 제8조에 의하여 보증금 중 일정액을 근저당권자보다 우선하여 변제받을 권리가 있다(대법원 2009.8.20, 2009다26879 판결).

| 관련판례 4 |

주택 소유자는 아니지만 적법한 임대권한을 가진 임대인과 임대차계약을 체결한 경우에도 주택임대차보호법이 적용되는지 여부에 관한 판례

주택임대차보호법이 적용되는 임대차는 반드시 임차인과 주택 소유자인 임대인 사이에 임대차계약이 체결된 경우에 한정되는 것은 아니고, 주택 소유자는 아니더라도 주택에 관하여 적법하게 임대차계약을 체결할 수 있는 권한을 가진 임대인과 임대차계약이 체결된 경우도 포함된다(대법원 2012.7.26, 2012다45689 판결).

| 관련판례 5 |

적법한 임대권한이 없는 사람과 임대차계약을 체결한 경우, 주택임대차보호법이 적용되는지 여부에 관한 판결

주택임대차보호법이 적용되는 임대차가 임차인과 주택의 소유자인 임대인 사이에 임대차계약이 체결된 경우로 한정되는 것은 아니나, 적어도 그 주택에 관하여 적법하게 임대차계약을 체결할 수 있는 권한을 가진 임대인이 임대차계약을 체결할 것이 요구된다(대법원 2014.2.27, 2012다93794 판결).

Ⅲ. 주택임차권의 대항력

1. 대항력의 의의

주택임차권의 대항력이란 주택임차인이 임대인 이외의 제3자와의 관계에서 자기의 임차권을 주장할 수 있는 권리를 말한다.

2. 대항력의 요건

주택임대차는 그 등기가 없는 경우에도 임차인이 주택의 인도와 주민등록을 마친 때에는 그 다음 날부터 제삼자에 대하여 효력이 생긴다. 이 경우 전입신고를 한 때에 주민등록이 된 것으로 본다(법 제3조 제1항).

(1) 주택의 인도

주택의 점유를 이전받는 것을 인도라 한다. 임차인이 직접 임차주택에 거주하거나 주택의 열쇠를 넘겨받는 등 현실의 인도뿐만 아니라 간이인도, 목적물반환청구권의 양도에 의한 인도 및 점유개정에 의한 인도가 모두 포함된다.

| 관련판례 1 |

기존 채권을 임대차보증금으로 전환하여 임대차계약을 체결한 경우, 그 사정만으로 임차인의 주택임대차보호법상의 대항력이 부정되는지 여부에 관한 판례

주택임차인이 대항력을 갖는지 여부는, 주택임대차보호법 제3조 제1항에서 정한 요건, 즉 임대차계약의 성립, 주택의 인도, 주민등록의 요건을 갖추었는지 여부에 의하여 결정되는 것이므로, 당해 임대차계약이 통정허위표시에 의한 계약이어서 무효라는 등의 특별한 사정이 있는 경우는 별론으로 하고 임대차계약 당사자가 기존 채권을 임대차보증금으로 전환하여 임대차계약을 체결하였다는 사정만으로 임차인이 같은 법 제3조 제1항 소정의 대항력을 갖지 못한다고 볼 수는 없다(대법원 2002.1.8, 2001다47535 판결).

| 관련판례 2 |

간접점유의 경우에도 주택임대차보호법상 대항요건이 인정되는지 여부 / 주택임차인이 임대인의 승낙을 받아 임차주택을 전대하고, 그 전차인이 주택을 인도받아 자신의 주민등록을 마친 경우, 임차인이 주택임대차보호법상 대항력을 취득하는지 여부 / 임차인이 임대인의 승낙 없이 제3자에게 임차물을 사용·수익하도록 한 행위가 임대인에 대한 배신적 행위라고 인정할 수 없는 특별한 사정이 있는 경우, 임대인이 동의 없는 전대차라는 이유만으로 임대차계약을 해지할 수 있는지 여부 / 주택의 전대차가 임대인에 대하여도 적법, 유효하다고 평가되는 경우, 전차인이 주택을 인도받아 자신의 주민등록을 마침으로써 임차인의 대항요건이 유지, 존속하는지 여부에 관한 판례

주택임대차보호법 제3조 제1항에 정한 대항요건은 임차인이 당해 주택에 거주하면서 이를 직접 점유하는 경우뿐만 아니라 타인의 점유를 매개로 하여 이를 간접점유하는 경우에도 인정될 수 있다.

주택임차인이 임차주택을 직접 점유하여 거주하지 않고 그곳에 주민등록을 하지 아니한 경우라 하더라도, 임대인의 승낙을 받아 적법하게 임차주택을 전대하고 그 전차인이 주택을 인도받아 자신의 주민등록을 마친 때에는, 이로써 당해 주택이 임대차의 목적이 되어 있다는 사실이 충분히 공시될 수 있으므로, 임차인은 주택임대차보호법에 정한 대항요건을 적법하게 갖추었다고 볼 것이다.

임차인이 비록 임대인으로부터 별도의 승낙을 얻지 아니하고 제3자에게 임차물을 사용·수익하도록 한 경우에 있어서도, 임차인의 당해 행위가 임대인에 대한

배신적 행위라고 할 수 없는 특별한 사정이 인정되는 경우에는, 임대인은 자신의 동의 없이 전대차가 이루어졌다는 것만을 이유로 임대차계약을 해지할 수 없으며, 전차인은 그 전대차나 그에 따른 사용·수익을 임대인에게 주장할 수 있다 할 것이다.

주택의 전대차가 그 당사자 사이뿐 아니라 임대인에 대하여도 주장할 수 있는 적법, 유효한 것이라고 평가되는 경우에는, 전차인이 임차인으로부터 주택을 인도받아 자신의 주민등록을 마치고 있다면 이로써 주택이 임대차의 목적이 되어 있다는 사실은 충분히 공시될 수 있고 또 이러한 경우 다른 공시방법도 있을 수 없으므로, 결국 임차인의 대항요건은 전차인의 직접 점유 및 주민등록으로써 적법, 유효하게 유지, 존속한다고 보아야 한다. 이와 같이 해석하는 것이 임차인의 주거생활의 안정과 임차보증금의 회수확보 등 주택임대차보호법의 취지에 부합함은 물론이고, 또 그와 같이 해석한다고 해서 이미 원래의 임대차에 의하여 대항을 받고 있었던 제3자에게 불측의 손해를 준다거나 형평에 어긋나는 결과가 되는 것도 아니다(대법원 2007.11.29, 2005다64255 판결).

| 관련판례 3 |

주택임대차보호법 제3조 제1항에서 정한 대항요건인 '주택의 인도'의 의미와 주택임대차보호법상 임차인에게 우선변제권이 인정되기 위하여 계약 당시 임차보증금이 전액 지급되어 있을 것을 요하는지 여부 및 임차인이 임대인에게 임차보증금의 일부만을 지급하고 주택임대차보호법 제3조 제1항에서 정한 대항요건과 임대차계약증서상의 확정일자를 갖춘 다음 나머지 보증금을 나중에 지급한 경우, 대항요건과 확정일자를 갖춘 때를 기준으로 임차보증금 전액에 대해서 우선변제권이 있는지 여부에 관한 판례

주택에 관하여 임대차계약을 체결한 임차인이 주택의 인도와 주민등록을 마친 때에는 그 다음 날부터 제3자에 대하여 대항력이 생긴다. 이 경우 전입신고를 한 때에 주민등록이 된 것으로 본다(주택임대차보호법 제3조 제1항). 또한 위와 같은 대항요건과 임대차계약증서상의 확정일자를 갖춘 임차인은 민사집행법에 따른 경매를 할 때 임차주택(대지를 포함한다)의 환가대금에서 후순위권리자나 그 밖의 채권자보다 우선하여 보증금을 변제받을 권리가 있다(같은 법 제3조의2제2항).

여기에서 '주택의 인도'는 임차목적물인 주택에 대한 점유의 이전을 말한다. 이때 점유는 사회통념상 어떤 사람의 사실적 지배에 있다고 할 수 있는 객관적 관계를 가리키는 것으로서, 사실상의 지배가 있다고 하기 위해서는 반드시 물건을 물리적·현실적으로 지배할 필요는 없고, 물건과 사람의 시간적·공간적 관계, 본권관계, 타인의 간섭가능성 등을 고려해서 사회통념에 따라 합목적적으로 판단하여야 한다. 임대주택을 인도하는 경우에는 임대인이 임차인에게 현관이나 대문의 열쇠를 넘겨주었는지, 자동문 비밀번호를 알려주었는지, 이사를 할 수 있는지 등도 고려하여야 한다.

주택임대차보호법은 임차인에게 우선변제권이 인정되기 위하여 대항요건과 임대차계약증서상의 확정일자를 갖추는 것 외에 계약 당시 임차보증금이 전액 지급되어 있을 것을 요구하지는 않는다. 따라서 임차인이 임대인에게 임차보증금의 일부만을 지급하고 주택임대차보호법 제3조 제1항에서 정한 대항요건과 임대차계약증서상의 확정일자를 갖춘 다음 나머지 보증금을 나중에 지급하였다고 하더라도 특별한 사정이 없는 한 대항요건과 확정일자를 갖춘 때를 기준으로 임차보증금 전액에 대해서 후순위권리자나 그 밖의 채권자보다 우선하여 변제를 받을 권리를 갖는다고 보아야 한다(대법원 2017.8.29, 2017다212194 판결).

| 관련판례 4 |

매매계약의 해제 전에 매수인으로부터 매매목적물인 주택을 임차하여 주택임대차보호법상의 대항요건을 갖춘 임차인이 매매계약의 해제에도 불구하고 자신의 임차권을 새로운 소유자에게 대항할 수 있는지 여부에 관한 판례

매매계약의 이행으로 매매목적물을 인도받은 매수인은 그 물건을 사용·수익할 수 있는 지위에서 그 물건을 타인에게 적법하게 임대할 수 있으며, 이러한 지위에 있는 매수인으로부터 매매계약이 해제되기 전에 매매목적물인 주택을 임차하여 주택의 인도와 주민등록을 마침으로써 주택임대차보호법 제3조 제1항에 의한 대항요건을 갖춘 임차인은 민법 제548조 제1항 단서에 따라 계약해제로 인하여 권리를 침해받지 않는 제3자에 해당하므로 임대인의 임대권원의 바탕이 되는 계약의 해제에도 불구하고 자신의 임차권을 새로운 소유자에게 대항할 수 있다(대법원 2008.4.10, 2007다38908 판결).

(2) 주민등록

주민등록으로 인한 성립요건과 기본적인 존속요건에는 주민등록은 전입신고를 한 때 주민등록이 된 것으로 보며, 대항력을 취득하는 때에만 구비하면 되는 것이 아니라 대항력을 유지하기 위해서는 계속 존속하여야 한다. 전입신고와 주민등록과의 사이에 일정한 시간적 간격으로 인한 보호의 공백을 메우기 위해 전입신고를 한 때에 주민등록이 된 것으로 본다고 규정한 것이다.

관련판례 1

연립주택 중 1개 세대에 대한 미등기전세권자가 연립주택 동호수를 기재하지 아니하고 그 지번만을 신고하여 주민등록된 경우, 그 주민등록이 미등기전세권에 대한 유효한 공시방법으로 볼 수 없다고 한 사례

충북 단양군 (주소 1 생략) 연립주택 가동 중 1층 102호에 대한 미등기전세권자가 주소로 연립주택 동호수 등의 표시 없이 그 지번만을 신고하여 주민등록되었다면, 그 주민등록으로는 일반사회통념상 그 미등기전세권자가 그 연립주택 가동 102호 건물에 주소를 가진 자로 등록되었다고 제3자가 인식할 수 없으므로 그 건물에 관한 미등기전세의 유효한 공시방법으로 볼 수 없다(대법원 1995.4.28, 94다27427 판결).

관련판례 2

다가구용 단독주택에 관하여 집합건물의소유및관리에관한법률에 의하여 구분건물로의 구분등기가 경료되었으나 소관청이 집합건축물관리대장을 작성하지 않은 경우, 위 건물의 일부나 전부를 임차한 임차인이 전유 부분의 표시 없이 지번만을 기재하여 전입신고를 한 것이 임대차의 공시 방법으로 유효한지 여부에 관한 판례

원래 단독주택으로 건축허가를 받아 건축되고, 건축물관리대장에도 구분소유가 불가능한 건물로 등재된 이른바 다가구용 단독주택에 관하여 나중에 집합건물의소유및관리에관한법률에 의하여 구분건물로의 구분등기가 경료되었음에도 불구하고, 소관청이 종전에 단독주택으로 등록한 일반건축물관리대장을 그대로 둔 채 집합건축물관리대장을 작성하지 않은 경우에는, 주민등록법시행령 제5조 제5항에 따라 임차인이 위 건물의 일부나 전부를 임차하여 전입신고를 하는 경우 지번만 기재하는 것으로 충분하고, 나아가 그 전유 부분의 표시까지 기재할 의무나 필요가 있다고 할 수 없으며, 임차인이 실제로 위 건물의 어느 부분을 임차하여 거주하고 있는지 여부의 조사는 단독주택의 경우와 마찬가지로 위 건물에 담보권 등을 설정하려는 이해관계인의 책임하에 이루어져야 할 것이므로, 임차인이 위 건물의 지번으로 전입신고를 한 이상 일반사회 통념상 그 주민등록으로 위 건물에 위 임차인이 주소 또는 거소를 가진 자로 등록되어 있는지를 인식할 수 있는 경우에 해당된다 할 것이고, 따라서 임대차의 공시 방법으로 유효하다(대법원 1999.5.25, 99다8322 판결).

| 관련판례 3 |

주택임대차보호법 제3조 제1항 소정의 대항요건으로서의 주민등록의 유효 여부에 관한 판단 기준 및 실제 지번인 '산 53의 6'이나 등기부상 지번인 '산 53'과 일치하지 아니한 '53의 6'에 등재된 주민등록이 주택임대차보호법 제3조 제1항 소정의 대항요건으로서 유효하지 않다고 한 사례

주택임대차보호법 제3조 제1항에서 주택의 인도와 더불어 대항력의 요건으로 규정하고 있는 주민등록은 거래의 안전을 위하여 임차권의 존재를 제3자가 명백히 인식할 수 있게 하는 공시방법으로 마련된 것이라고 볼 것이므로, 주민등록이 어떤 임대차를 공시하는 효력이 있는가의 여부는 일반 사회통념상 그 주민등록으로 당해 임대차 건물에 임차인이 주소 또는 거소를 가진 자로 등록되어 있는지를 인식할 수 있는가의 여부에 따라 결정된다.

실제 지번인 '산 53의 6'이나 등기부상 지번인 '산 53'과 일치하지 아니한 '53의 6'에 등재된 주민등록이 주택임대차보호법 제3조 제1항 소정의 대항요건으로서 유효하지 않다(대법원 2000.6.9, 2000다8069 판결).

| 관련판례 4 |

간접점유자의 주민등록이 주택임대차의 유효한 공시방법이 되는지 여부에 관한 판례

주택임대차보호법 제3조 제1항 소정의 대항력은 임차인이 당해 주택에 거주하면서 이를 직접 점유하는 경우뿐만 아니라 타인의 점유를 매개로 하여 이를 간접점유하는 경우에도 인정될 수 있을 것이나, 그 경우 당해 주택에 실제로 거주하지 아니하는 간접점유자인 임차인은 주민등록의 대상이 되는 '당해 주택에 주소 또는 거소를 가진 자'(주민등록법 제6조 제1항)가 아니어서 그 자의 주민등록은 주민등록법 소정의 적법한 주민등록이라고 할 수 없고, 따라서 간접점유자에 불과한 임차인 자신의 주민등록으로는 대항력의 요건을 적법하게 갖추었다고 할 수 없으며, 임차인과의 점유매개관계에 기하여 당해 주택에 실제로 거주하는 직접점유자가 자신의 주민등록을 마친 경우에 한하여 비로소 그 임차인의 임대차가 제3자에 대하여 적법하게 대항력을 취득할 수 있다(대법원 2001.1.19, 2000다55645 판결).

3. 대항력의 발생시기

임차인이 주택의 인도와 주민등록을 마친 때에는 그 '다음 날'부터 제삼자에 대

하여 효력이 생긴다(법 제3조 제1항). 이것은 주택에 대해 주택임대차보호법에 의한 임차권의 대항력과 제3자의 민법에 의한 임차권의 등기가 같은 날 이루어진 경우에 그 선후를 정하는 것이 어려워 입법적으로 해결한 것이다.

| 관련판례 |

주택임대차보호법 제3조에 의한 대항력이 생기는 시점인 '다음 날'의 의미(=다음 날 오전 영시)에 관한 판결

주택임대차보호법 제3조의 임차인이 주택의 인도와 주민등록을 마친 때에는 그 '익일부터' 제3자에 대하여 효력이 생긴다고 함은 다음 날 오전 영시부터 대항력이 생긴다는 취지이다(대법원 1999.5.25, 99다9981 판결).

4. 대항력의 내용

(1) 양수인에 대한 관계

임차인이 임차주택의 양수인에게 임차권을 주장할 수 있는 것이 대항력의 주된 내용이다. 주택임대차보호법은 임차주택의 양수인(그 밖에 임대할 권리를 승계한 자를 포함한다)은 임대인의 지위를 승계한 것으로 본다(법 제3조 제4항). 그러므로 임대인은 임대차관계에서 이탈하고 양수인 등이 임대인의 지위를 포괄적으로 승계한다. 한편 임대차기간이 끝난 경우에도 임차인이 보증금을 반환받을 때까지는 임대차관계가 존속되는 것으로 본다(법 제4조 제2항).

| 관련판례 1 |

주택임대차보호법 제3조 제1항의 대항요건을 갖춘 임차인의 임대차보증금반환채권에 대한 압류 및 전부명령이 확정된 후 소유자인 임대인이 당해 주택을 매도한 경우, 임대인이 전부금지급의무를 면하는지 여부에 관한 판례

주택임대차보호법 제3조 제1항의 대항요건을 갖춘 임차인의 임대차보증금반환채권에 대한 압류 및 전부명령이 확정되어 임차인의 임대차보증금반환채권이 집행채권자에게 이전된 경우 제3채무자인 임대인으로서는 임차인에 대하여 부담하고 있던 채무를 집행채권자에 대하여 부담하게 될 뿐 그가 임대차목적물인 주택

의 소유자로서 이를 제3자에게 매도할 권능은 그대로 보유하는 것이며, 위와 같이 소유자인 임대인이 당해 주택을 매도한 경우 주택임대차보호법 제3조 제2항(현행 제3조 제4항)에 따라 전부채권자에 대한 보증금지급의무를 면하게 되므로, 결국 임대인은 전부금지급의무를 부담하지 않는다(대법원 2005.9.9, 2005다23773 판결).

관련판례 2

대항력 있는 주택임대차에 있어 기간만료나 당사자의 합의 등으로 임대차가 종료된 상태에서 임차주택이 양도되었으나 임차인이 임대인의 지위승계를 원하지 않는 경우, 임차인이 임차주택의 양도사실을 안 때로부터 상당한 기간 내에 이의를 제기하면 양도인의 임차인에 대한 보증금 반환채무는 소멸하지 않게 되는지 여부에 관한 판례

대항력 있는 주택임대차에 있어 기간만료나 당사자의 합의 등으로 임대차가 종료된 경우에도 주택임대차보호법 제4조 제2항에 의하여 임차인은 보증금을 반환받을 때까지 임대차관계가 존속하는 것으로 의제되므로 그러한 상태에서 임차목적물인 부동산이 양도되는 경우에는 같은 법 제3조 제2항(현행 제3조 제4항)에 의하여 양수인에게 임대차가 종료된 상태에서의 임대인으로서의 지위가 당연히 승계되고, 양수인이 임대인의 지위를 승계하는 경우에는 임대차보증금 반환채무도 부동산의 소유권과 결합하여 일체로서 이전하는 것이므로 양도인의 임대인으로서의 지위나 보증금 반환채무는 소멸하는 것이지만, 임차인의 보호를 위한 임대차보호법의 입법 취지에 비추어 임차인이 임대인의 지위승계를 원하지 않는 경우에는 임차인이 임차주택의 양도사실을 안 때로부터 상당한 기간 내에 이의를 제기함으로써 승계되는 임대차관계의 구속으로부터 벗어날 수 있다고 봄이 상당하고, 그와 같은 경우에는 양도인의 임차인에 대한 보증금 반환채무는 소멸하지 않는다(대법원 2002.9.4, 2001다64615 판결).

(2) 제3자에 대한 관계

제3자 즉 저당권자나 압류채권자 등과의 관계에서는 주택임차권의 대항력과의 선후를 기준으로 그 우열이 정해진다.

Ⅳ. 주택임대차의 존속기간

1. 임대차기간

기간을 정하지 아니하거나 2년 미만으로 정한 임대차는 그 기간을 2년으로 본다. 다만, 임차인은 2년 미만으로 정한 기간이 유효함을 주장할 수 있다(법 제4조 제1항). 그러므로 주택의 임대차에서는 최소한 2년의 존속이 보장된다. 그러나 임차인은 2년 미만으로 정한 기간의 유효함을 주장할 수 있다. 이것은 주택임대차보호법이 임차인에게 불리한 약정의 경우에만 무효가 되는 편면적 강행규정으로 되어 있기 때문이다(법 제10조).

| 관련판례 1 |

주택임대차보호법 제4조 제1항에 정한 최소 2년간의 임대차기간 보장 규정의 의미 및 임차인이 주택임대차보호법이 적용되는 주택에 관하여 2년 미만으로 정한 임대차기간의 만료를 주장할 수 있는 경우에 관한 판례

주택임대차보호법 제4조 제1항은 같은 법 제10조의 취지에 비추어 보면 임차인의 보호를 위하여 최소한 2년간의 임대차기간을 보장하여 주려는 규정이므로, 그 규정에 위반되는 당사자의 약정을 모두 무효라고 할 것은 아니고, 그 규정에 위반하는 약정이라도 임차인에게 불리하지 않은 것은 유효하다.

임차인이 주택임대차보호법 제4조 제1항의 적용을 배제하고 2년 미만으로 정한 임대차기간의 만료를 주장할 수 있는 것은 임차인 스스로 그 약정 임대차기간이 만료되어 임대차가 종료되었음을 이유로 그 종료에 터잡은 임차보증금 반환채권 등의 권리를 행사하는 경우에 한정되고, 임차인이 2년 미만의 약정 임대차기간이 만료되고 다시 임대차가 묵시적으로 갱신되었다는 이유로 같은 법 제6조 제1항, 제4조 제1항에 따른 새로운 2년간의 임대차의 존속을 주장하는 경우까지 같은 법이 보장하고 있는 기간보다 짧은 약정 임대차기간을 주장할 수는 없다(대법원 1996.4.26, 96다5551, 5568 판결).

| 관련판례 2 |

임대차가 종료된 경우에 배당요구를 한 임차인이 낙찰허가결정이 확정된 후 배당요구시의 주장과는 달리 임대차기간이 종료되지 않았음을 주장하면서 낙찰자에게 대항력을 행사하는 것이 금반언 및 신의칙에 위배되는지 여부에 관한 판례

임대차가 종료된 경우에 배당요구를 한 임차인은 우선변제권에 의하여 낙찰대금으로부터 임차보증금을 배당받을 수 있으므로, 이와 같은 경우에 일반 매수희망자(낙찰자 포함)는 그 주택을 낙찰받게 되면 그 임대차에 관한 권리 · 의무를 승계하지 않을 것이라는 신뢰하에 입찰에 참가하게 되는 것인바, 이러한 믿음을 기초로 하여 낙찰자가 임대차보증금을 인수하지 않을 것이라는 전제하에 낙찰이 실시되어 최고가 매수희망자를 낙찰자로 하는 낙찰허가결정이 확정되었다면, 그 후에 이르러 임차인이 배당요구시의 주장과는 달리 자신의 임대차기간이 종료되지 않았음을 주장하면서 우선변제권의 행사를 포기하고 명도를 구하는 낙찰자에게 대항력을 행사하는 것은, 임차인의 선행행위를 신뢰한 낙찰자에게 예측하지 못한 손해를 입게 하는 것이어서 위와 같은 입장 변경을 정당화할 만한 특별한 사정이 없는 한 금반언 및 신의칙에 위배되어 허용될 수 없다(대법원 2001.9.25, 2000다24078 판결).

2. 계약의 묵시적 갱신

임대인이 임대차기간이 끝나기 6개월 전부터 2개월 전까지의 기간에 임차인에게 갱신거절의 통지를 하지 아니하거나 계약조건을 변경하지 아니하면 갱신하지 아니한다는 뜻의 통지를 하지 아니한 경우와 임차인이 임대차기간이 끝나기 2개월 전까지 통지하지 아니한 경우에 그 기간이 끝난 때에 전 임대차와 동일한 조건으로 다시 임대차한 것으로 본다(법 제6조 제1항). 이 경우 존속기간은 2년으로 본다(법 제6조 제2항).

묵시적 갱신의 경우 임차인은 언제든지 해지를 통지할 수 있고 임대인이 통지를 받은 날로부터 3개월이 경과하면 해지의 효력이 발생한다(법 제6조의2).

| 관련판례 |

구 민간임대주택에 관한 특별법의 적용을 받는 민간임대주택에 관하여 주택임대차보호법 제6조 제1항, 제2항에 따라 임대차계약이 묵시적으로 갱신되는 경우, 임대차기간은 2년이 되는지 여부에 관한 판례

주택임대차보호법(2020.6.9. 법률 제17363호로 개정되기 전의 것) 제4조 제1항 본문, 제6조 제1항, 제2항의 규정들은 임차인의 주거생활 안정을 보장하기 위하여 임대사업자가 민간임대주택에 관한 임대차계약을 해제 또는 해지하거나 갱신을 거절하는 것을 제한하기 위한 것으로서 제정 목적과 입법 취지 등에 비추어 이에 위반되는 약정의 사법적 효력을 배제하는 강행규정으로 보아야 한다. 따라서 민간임대주택법의 적용을 받는 민간임대주택에 관하여 주택임대차보호법 제6조 제1항, 제2항에 따라 임대차계약이 묵시적으로 갱신되는 경우 당사자가 별도로 임대차기간을 2년 이상으로 정하기로 약정하는 등 특별한 사정이 없는 한 임대차기간은 2년이 된다고 보아야 한다(대법원 2020.7.9, 2020다223781 판결).

3. 임차인의 계약갱신요구권

2020년 7월 31일부터 신설 · 시행되고 있는 임차인의 계약갱신요구권은 1회에 한하여 행사할 수 있게 하여 기존 2년에서 4년으로 임대차 보장기간을 연장하고, 계약갱신 시 차임이나 보증금의 증액청구는 약정한 차임이나 보증금의 20분의 1의 금액을 초과하지 못하도록 제한하고 있다.

임대인은 임차인이 계약갱신요구를 하는 경우 정당한 사유 없이 이를 거절하지 못하도록 하고 있다. 여기서 정당한 사유란 ① 임차인이 2기의 차임액에 해당하는 금액에 이르도록 차임을 연체한 사실이 있는 경우, ② 임차인이 거짓이나 그 밖의 부정한 방법으로 임차한 경우, ③ 서로 합의하여 임대인이 임차인에게 상당한 보상을 제공한 경우, ④ 임차인이 임대인의 동의 없이 목적 주택의 전부 또는 일부를 전대한 경우, ⑤ 임차인이 임차한 주택의 전부 또는 일부를 고의나 중대한 과실로 파손한 경우, ⑥ 임차한 주택의 전부 또는 일부가 멸실되어 임대차의 목적을 달성하지 못할 경우, ⑦ 임대인이 일정한 사유로 목적 주택의 전부 또는 대부분을 철거하거나 재건축하기 위하여 목적 주택의 점유를 회복할 필요가 있는 경우, ⑧ 임대인(임대인의 직계존속 · 직계비속을 포함한다)이 목적 주택에 실제 거주하려는 경우, ⑨ 그 밖에 임차인이 임차인으로서의 의무를 현저히 위반하거나 임대차를 계속하기 어려운 중대한 사유가 있는 경우를 말한다(법 제6조의3).

| 관련판례 |

2020.8.15. 종료되는 임대차계약의 임차인인 갑 등이 2020.7.9. 및 2020. 7.31. 임대인에게 계약갱신을 요구하였는데, 이에 따라 임대차계약이 주택임대차보호법 제6조의3에 따른 갱신요구로 갱신되었는지 문제 된 사안에서, 갑 등이 임대차기간이 끝나기 6개월 전부터 1개월 전까지의 기간이 지난 후인 2020.7.31. 계약갱신을 요구한 것은 효력이 없고, 위 기간 내인 2020.7.9. 계약갱신을 요구한 것은 위 규정에 따른 계약갱신 요구로 볼 수 없다고 한 원심판단을 수긍한 사례

2020.8.15. 종료되는 임대차계약의 임차인인 갑 등이 2020.7.9. 및 2020.7. 31. 임대인에게 계약갱신을 요구하였는데, 이에 따라 임대차계약이 주택임대차보호법 제6조의3에 따른 갱신요구로 갱신되었는지 문제 된 사안에서, 2020. 7.31. 법률 제17470호로 개정된 주택임대차보호법에서 신설한 제6조의3 제1항(이하 '개정규정'이라고 한다)은 부칙(2020.7.31.) 제2조 제1항에 따라 개정법 시행 당시 존속 중인 임대차에 대하여도 적용되므로 2020.8.15. 종료되는 위 임대차계약에도 개정규정이 적용되나, 개정규정은 제6조 제1항 전단의 기간, 즉 임대차기간이 끝나기 6개월 전부터 1개월 전까지의 기간 이내에 계약갱신을 요구할 경우 적용되는 것이므로, 갑 등이 위 기간이 지난 후인 2020.7.31. 계약갱신을 요구한 것은 효력이 없고, 위 기간 내인 2020.7.9. 계약갱신을 요구한 것은 개정규정 시행 전의 사실행위로서 개정규정에 따른 계약갱신 요구로 볼 수 없다(대법원 2021.12.30, 2021다263229 판결).

Ⅴ. 임차보증금의 회수

1. 임차보증금의 우선변제권

주택임대차의 대항요건과 임대차계약증서상의 확정일자를 갖춘 임차인은 "민사집행법"에 따른 경매 또는 "국세징수법"에 따른 공매를 할 때에 임차주택(대지를 포함한다)의 환가대금에서 후순위권리자나 그 밖의 채권자보다 우선하여 보증금을 변제받을 권리가 있다(법 제3조의2 제2항).

| 관련판례 1 |

대항력과 우선변제권을 겸유하고 있는 임차인이 배당요구를 하였으나 보증금 전액을 배당받지 못한 경우, 후행 경매절차에서 우선변제권에 의한 배당을 받을 수 있는지 여부에 관한 판례

주택임대차보호법상의 대항력과 우선변제권의 두 가지 권리를 겸유하고 있는 임차인이 우선변제권을 선택하여 제1경매절차에서 보증금 전액에 대하여 배당요구를 하였으나 보증금 전액을 배당받을 수 없었던 때에는 경락인에게 대항하여 이를 반환받을 때까지 임대차관계의 존속을 주장할 수 있을 뿐이고, 임차인의 우선변제권은 경락으로 인하여 소멸하는 것이므로 제2경매절차에서 우선변제권에 의한 배당을 받을 수 없다(대법원 2001.3.27, 98다4552 판결).

| 관련판례 2 |

임대인의 임대차보증금 반환의무와 임차인의 주택임대차보호법 제3조의3에 의한 임차권등기 말소의무가 동시이행관계에 있는지 여부에 관한 판례

주택임대차보호법 제3조의3 규정에 의한 임차권등기는 이미 임대차계약이 종료하였음에도 임대인이 그 보증금을 반환하지 않는 상태에서 경료되게 되므로, 이미 사실상 이행지체에 빠진 임대인의 임대차보증금의 반환의무와 그에 대응하는 임차인의 권리를 보전하기 위하여 새로이 경료하는 임차권등기에 대한 임차인의 말소의무를 동시이행관계에 있는 것으로 해석할 것은 아니고, 특히 위 임차권등기는 임차인으로 하여금 기왕의 대항력이나 우선변제권을 유지하도록 해 주는 담보적 기능만을 주목적으로 하는 점 등에 비추어 볼 때, 임대인의 임대차보증금의 반환의무가 임차인의 임차권등기 말소의무보다 먼저 이행되어야 할 의무이다(대법원 2005.6.9, 2005다4529 판결).

관련판례 3

주택임대차 성립 당시 임대인의 소유였던 대지가 타인에게 양도되어 임차주택과 대지의 소유자가 서로 달라지게 된 경우, 임차인이 대지의 환가대금에 대하여 우선변제권을 행사할 수 있는지 여부와 미등기 또는 무허가 건물도 주택임대차보호법의 적용대상이 되는지 여부 및 미등기 주택의 임차인이 임차주택 대지의 환가대금에 대하여 주택임대차보호법상 우선변제권을 행사할 수 있는지 여부에 관한 판례

대항요건 및 확정일자를 갖춘 임차인과 소액임차인은 임차주택과 그 대지가 함께 경매될 경우뿐만 아니라 임차주택과 별도로 그 대지만이 경매될 경우에도 그 대지의 환가대금에 대하여 우선변제권을 행사할 수 있고, 이와 같은 우선변제권은 이른바 법정담보물권의 성격을 갖는 것으로서 임대차 성립시의 임차 목적물인 임차주택 및 대지의 가액을 기초로 임차인을 보호하고자 인정되는 것이므로, 임대차 성립 당시 임대인의 소유였던 대지가 타인에게 양도되어 임차주택과 대지의 소유자가 서로 달라지게 된 경우에도 마찬가지이다.

주택임대차보호법은 주택의 임대차에 관하여 민법에 대한 특례를 규정함으로써 국민의 주거생활의 안정을 보장함을 목적으로 하고 있고, 주택의 전부 또는 일부의 임대차에 관하여 적용된다고 규정하고 있을 뿐 임차주택이 관할관청의 허가를 받은 건물인지, 등기를 마친 건물인지 아닌지를 구별하고 있지 아니하므로, 어느 건물이 국민의 주거생활의 용도로 사용되는 주택에 해당하는 이상 비록 그 건물에 관하여 아직 등기를 마치지 아니하였거나 등기가 이루어질 수 없는 사정이 있다고 하더라도 다른 특별한 규정이 없는 한 같은 법의 적용대상이 된다.

대항요건 및 확정일자를 갖춘 임차인과 소액임차인에게 우선변제권을 인정한 주택임대차보호법 제3조의2 및 제8조가 미등기 주택을 달리 취급하는 특별한 규정을 두고 있지 아니하므로, 대항요건 및 확정일자를 갖춘 임차인과 소액임차인의 임차주택 대지에 대한 우선변제권에 관한 법리는 임차주택이 미등기인 경우에도 그대로 적용된다. 이와 달리 임차주택의 등기 여부에 따라 그 우선변제권의 인정 여부를 달리 해석하는 것은 합리적 이유나 근거 없이 그 적용대상을 축소하거나 제한하는 것이 되어 부당하고, 민법과 달리 임차권의 등기 없이도 대항력과 우선변제권을 인정하는 같은 법의 취지에 비추어 타당하지 아니하다. 다만, 소액임차인의 우선변제권에 관한 같은 법 제8조 제1항이 그 후문에서 '이 경우 임차인은 주택에 대한 경매신청의 등기 전에' 대항요건을 갖추어야 한다고 규정하고 있으나, 이는 소액보증금을 배당받을 목적으로 배당절차에 임박하여 가장 임차인을 급조하는 등의 폐단을 방지하기 위하여 소액임차인의 대항요건의 구비시기를 제한하는 취지이지, 반드시 임차주택과 대지를 함께 경매하여 임차주택 자체에 경매신

청의 등기가 되어야 한다거나 임차주택에 경매신청의 등기가 가능한 경우로 제한하는 취지는 아니라 할 것이다. 대지에 대한 경매신청의 등기 전에 위 대항요건을 갖추도록 하면 입법 취지를 충분히 달성할 수 있으므로, 위 규정이 미등기 주택의 경우에 소액임차인의 대지에 관한 우선변제권을 배제하는 규정에 해당한다고 볼 수 없다(대법원 2007.6.21, 2004다26133, 전원합의체 판결).

관련판례 4

대지에 관한 저당권 설정 후 건물이 신축되고 그 신축건물에 다시 저당권이 설정된 후 대지와 건물이 일괄 경매된 경우, 신축건물의 '확정일자를 갖춘 임차인'과 '소액임차인'이 갖는 우선변제권의 범위 및 주택임대차보호법 시행령 부칙에 정한 '소액보증금의 범위변경에 따른 경과조치'를 적용할 경우 소액임차인 및 소액보증금의 범위를 정하는 기준 시기에 관한 판례

대지에 관한 저당권 설정 후에 비로소 건물이 신축되고 그 신축건물에 대하여 다시 저당권이 설정된 후 대지와 건물이 일괄 경매된 경우, 주택임대차보호법 제3조의2 제2항의 확정일자를 갖춘 임차인 및 같은 법 제8조 제3항의 소액임차인은 대지의 환가대금에서는 우선하여 변제를 받을 권리가 없다고 하겠지만, 신축건물의 환가대금에서는 확정일자를 갖춘 임차인이 신축건물에 대한 후순위권리자보다 우선하여 변제받을 권리가 있고, 주택임대차보호법 시행령 부칙의 '소액보증금의 범위변경에 따른 경과조치'를 적용함에 있어서 신축건물에 대하여 담보물권을 취득한 때를 기준으로 소액임차인 및 소액보증금의 범위를 정하여야 한다(대법원 2010.6.10, 2009다101275, 판결).

관련판례 5

주택임대차보호법상 임차인에게 우선변제권이 인정되기 위하여 계약 당시 임차보증금이 전액 지급되어 있을 것을 요하는지 여부 및 임차인이 임대인에게 임차보증금의 일부만을 지급하고 주택임대차보호법 제3조 제1항에서 정한 대항요건과 임대차계약증서상의 확정일자를 갖춘 다음 나머지 보증금을 나중에 지급한 경우, 대항요건과 확정일자를 갖춘 때를 기준으로 임차보증금 전액에 대해서 우선변제권이 있는지 여부에 관한 판례

주택임대차보호법은 임차인에게 우선변제권이 인정되기 위하여 대항요건과 임대차계약증서상의 확정일자를 갖추는 것 외에 계약 당시 임차보증금이 전액 지급

되어 있을 것을 요구하지는 않는다. 따라서 임차인이 임대인에게 임차보증금의 일부만을 지급하고 주택임대차보호법 제3조 제1항에서 정한 대항요건과 임대차계약증서상의 확정일자를 갖춘 다음 나머지 보증금을 나중에 지급하였다고 하더라도 특별한 사정이 없는 한 대항요건과 확정일자를 갖춘 때를 기준으로 임차보증금 전액에 대해서 후순위권리자나 그 밖의 채권자보다 우선하여 변제를 받을 권리를 갖는다고 보아야 한다(대법원 2017.8.29, 2017다212194 판결).

2. 보증금 중 일정액의 보호

임차인은 보증금 중 일정액을 다른 담보물권자보다 우선하여 변제받을 권리가 있다. 이 경우 임차인은 주택에 대한 경매신청의 등기 전에 제3조 제1항의 요건을 갖추어야 한다(법 제8조 제1항). 이것은 소액보증금의 최우선변제권의 보장으로, 경제적 약자인 임차인에게 최소한의 보증금을 보장하여 서민주택생활의 안정을 도모하려는 취지에서 도입된 것이다.

| 관련판례 1 |

주택임대차보호법상 대항요건과 확정일자를 갖춘 임차인들이 소액임차인의 지위를 겸하는 경우, 그 배당방법에 관한 판례

주택임대차보호법 제3조의2 제2항은 대항요건(주택인도와 주민등록전입신고)과 임대차계약증서상의 확정일자를 갖춘 주택임차인에게 부동산 담보권에 유사한 권리를 인정한다는 취지로서, 이에 따라 대항요건과 확정일자를 갖춘 임차인들 상호간에는 대항요건과 확정일자를 최종적으로 갖춘 순서대로 우선변제받을 순위를 정하게 되므로, 만일 대항요건과 확정일자를 갖춘 임차인들이

주택임대차보호법 제8조 제1항에 의하여 보증금 중 일정액의 보호를 받는 소액임차인의 지위를 겸하는 경우, 먼저 소액임차인으로서 보호받는 일정액을 우선 배당하고 난 후의 나머지 임차보증금채권액에 대하여는 대항요건과 확정일자를 갖춘 임차인으로서의 순위에 따라 배당을 하여야 하는 것이다(대법원 2007.11.15, 2007다45562 판결).

| 관련판례 2 |

임대차보증금의 감액으로 주택임대차보호법상 소액임차인에 해당하게 된 경우에 소액임차인으로서 보호받을 수 있는지 여부에 관한 판례

실제 임대차계약의 주된 목적이 주택을 사용·수익하려는 것인 이상, 처음 임대차계약을 체결할 당시에는 보증금액이 많아 주택임대차보호법상 소액임차인에 해당하지 않았지만 그 후 새로운 임대차계약에 의하여 정당하게 보증금을 감액하여 소액임차인에 해당하게 되었다면, 그 임대차계약이 통정허위표시에 의한 계약이어서 무효라는 등의 특별한 사정이 없는 한 그러한 임차인은 같은 법상 소액임차인으로 보호받을 수 있다(대법원 2008.5.15, 2007다23203 판결).

| 관련판례 3 |

점포 및 사무실로 사용되던 건물에 근저당권이 설정된 후 그 건물이 주거용 건물로 용도 변경된 경우, 이를 임차한 소액임차인이 근저당권자에 대하여 우선변제권이 있는지 여부에 관한 판례

주택임대차보호법은 주거용 건물의 임대차에 관하여 민법에 대한 특례를 규정함으로써 국민 주거생활의 안정을 보장함을 목적으로 하고 있으므로(제1조), 합리적 이유나 근거 없이 그 적용대상을 축소하거나 제한하는 것은 허용되지 않는다고 할 것인바, 주택임대차보호법 제2조가 주거용 건물의 전부 또는 일부의 임대차에 관하여 적용된다고 규정하고 있을 뿐 임차주택이 관할관청의 허가를 받은 건물인지, 등기를 마친 건물인지 아닌지를 구별하고 있지 아니하며, 건물 등기부상 '건물내역'을 제한하고 있지도 않으므로, 점포 및 사무실로 사용되던 건물에 근저당권이 설정된 후 그 건물이 주거용 건물로 용도 변경되어 이를 임차한 소액임차인도 특별한 사정이 없는 한 주택임대차보호법 제8조에 의하여 보증금 중 일정액을 근저당권자보다 우선하여 변제받을 권리가 있다(대법원 2009.8.20, 2009다26879 판결).

| 관련판례 4 |

갑이 아파트를 소유하고 있음에도 공인중개사인 남편의 중개에 따라 근저당권 채권최고액의 합계가 시세를 초과하고 경매가 곧 개시될 것으로 예상되는 아파트를 소액임차인 요건에 맞도록 시세보다 현저히 낮은 임차보증금으로 임차한 다음 계약상 잔금지급기일과 목적물인도기일보다 앞당겨 보증금 잔액을 지급하고 전입신고 후 확정일자를 받은 사안에서, 갑은 주택임대차보호법의 보호대상인 소액임차인에 해당하지 않는다고 본 원심판단을 수긍한 사례

갑이 아파트를 소유하고 있음에도 공인중개사인 남편의 중개에 따라 근저당권 채권최고액의 합계가 시세를 초과하고 경매가 곧 개시될 것으로 예상되는 아파트를 소액임차인 요건에 맞도록 시세보다 현저히 낮은 임차보증금으로 임차한 다음 당초 임대차계약상 잔금지급기일과 목적물인도기일보다 앞당겨 보증금 잔액을 지급하고 전입신고 후 확정일자를 받았는데, 그 직후 개시된 경매절차에서 배당을 받지 못하자 배당이의를 한 사안에서, 갑은 소액임차인을 보호하기 위하여 경매개시결정 전에만 대항요건을 갖추면 우선변제권을 인정하는 주택임대차보호법을 악용하여 부당한 이득을 취하고자 임대차계약을 체결한 것이므로 주택임대차보호법의 보호대상인 소액임차인에 해당하지 않는다(대법원 2013.12.12, 2013다62223 판결).

<요 약>

① 주택임대차보호법의 목적 : 주거용 건물의 임대차에 관하여 "민법"에 대한 특례를 규정함으로써 국민 주거생활의 안정을 보장함

② 주택임대차보호법의 적용범위 : 주거용 건물(주택)의 전부 또는 일부의 임대차에 관하여 적용

③ 주택임차권의 대항력 : 주택임차인이 임대인 이외의 제3자와의 관계에서 자기의 임차권을 주장할 수 있는 권리

④ 대항력의 요건 : 주택의 인도와 주민등록

⑤ 대항력의 발생시기 : 임차인이 주택의 인도와 주민등록을 마친 때에는 그 '다음 날'부터 제삼자에 대하여 효력이 발생

⑥주택임대차의 존속기간 : 주택의 임대차에서는 최소한 2년의 존속이 보장되나 임차인은 2년 미만으로 정한 기간의 유효함 주장 가능

⑦ 계약의 묵시적 갱신 : 임대인이 임대차기간이 끝나기 6개월 전부터 2개월 전까지의 기간에 임차인에게 갱신거절의 통지를 하지 아니하거나 계약조건을 변경

하지 아니하면 갱신하지 아니한다는 뜻의 통지를 하지 아니한 경우와 임차인이 임대차기간이 끝나기 2개월 전까지 통지하지 아니한 경우에 그 기간이 끝난 때에 전 임대차와 동일한 조건으로 다시 임대차한 것으로 본다. 이 경우 존속기간은 2년으로 본다.

⑧ 임차인의 계약갱신요구권 : 임차인의 계약갱신요구권은 1회에 한하여 행사할 수 있으며 4년의 임대차 기간을 보장하고, 계약갱신 시 차임이나 보증금의 증액청구는 약정한 차임이나 보증금의 20분의 1의 금액을 초과하지 못하도록 제한

⑨ 임차보증금의 우선변제권 해사요건 : 대항력(주택의 인도+주민등록)과 임대차계약증서상의 확정일자

⑩ 보증금 중 일정액의 보호(소액보증금의 최우선변제권) : 소액임차인이 임차주택에 대한 경매신청의 등기 전에 대항력을 갖춘 경우에는 보증금 중 일정액을 다른 담보물권자보다 우선하여 변제받을 권리

제 11 장

범죄와 질서

Ⅰ. 범죄의 몇 가지 사례
Ⅱ. 죄형법정주의
Ⅲ. 범죄의 성립요건
Ⅳ. 범죄의 형태
Ⅴ. 형벌의 종류

제11장 범죄와 질서

Ⅰ. 범죄의 몇 가지 사례

1. 갑은 밤에 을녀가 혼자서 잠자고 있는 방의 창문을 열고 문안으로 얼굴을 들이밀었다. 갑의 죄책은? - 주거침입죄

| 관련판례 |

야간에 타인의 집 창문을 열고 얼굴을 들이미는 등의 행위에 관하여 주거침입죄의 기수를 인정한 사례

야간에 타인의 집의 창문을 열고 집 안으로 얼굴을 들이미는 등의 행위를 하였다면 피고인이 자신의 신체의 일부가 집 안으로 들어간다는 인식하에 하였더라도 주거침입죄의 범의는 인정되고, 또한 비록 신체의 일부만이 집 안으로 들어갔다고 하더라도 사실상 주거의 평온을 해하였다면 주거침입죄는 기수에 이르렀다(대법원 1995.9.15, 94도2561 판결).

2. 거리를 지나가던 갑은 누군가 흘려 잃어버린 돈을 주워 가졌다. 갑의 죄책은? - 점유이탈물횡령죄

| 관련판례 |

고속버스 승객이 차내에 있는 유실물을 가져 간 경우의 죄책에 관한 판례

고속버스 운전사는 고속버스의 관수자로서 차내에 있는 승객의 물건을 점유하는 것이 아니고 승객이 잊고 내린 유실물을 교부받을 권능을 가질 뿐이므로 유실물을 현실적으로 발견하지 않는 한 이에 대한 점유를 개시하였다고 할 수 없고, 그 사이에 다른 승객이 유실물을 발견하고 이를 가져 갔다면 절도에 해당하지 아니하고 점유이탈물횡령에 해당한다(대법원 1993.3.16, 92도3170 판결).

3. 당구장에서 아르바이트를 하는 갑은 당구장에 떨어져 있는 금반지를 주워 금은방에 팔았다. 갑의 죄책은? - 절도죄

| 관련판례 |

종업원으로 종사하던 당구장에서 주운 금반지를 처분한 자의 죄책에 관한 판례

어떤 물건을 잃어버린 장소가 당구장과 같이 타인의 관리 아래 있을 때에는 그 물건은 일응 그 관리자의 점유에 속한다 할 것이고, 이를 그 관리자 아닌 제3자가 취거하는 것은 유실물횡령이 아니라 절도죄에 해당한다(대법원 1988.4.25, 88도409, 판결).

4. 등산객인 갑과 을은 하산 중 동네 어귀의 개인 소유인 밤나무의 밤을 따던 중 주인에게 발각되었으나, 둘이 합심하여 주인을 밀어 넘어지게 하고, 딴 밤을 그대로 가지고 갔다. 갑과 을의 죄책은? - 특수강도죄

| 관련판례 |

합동범에 있어서 공모나 모의에 대한 입증의 정도에 관한 판례

형법 제334조 제2항 소정의 합동범에 있어서의 공모나 모의는 반드시 사전에 이루어진 것만을 필요로 하는 것이 아니고, 범행현장에서 암묵리에 의사상통하는 것도 포함되나, 이와 같은 공모나 모의는 그 '범죄 될 사실'이라 할 것이므로 이를 인정하기 위하여는 엄격한 증명에 의하지 않으면 안된다(대법원 2001.12.11. 2001도4013 판결).

5. 갑이 편의점에서 가격이 1,000원인 생수를 사면서 5,000원권 지폐를 지불하였는데, 점원이 10,000권 지폐로 착각하여 9,000원의 거스름돈을 내주었다. 갑은 그 사실을 알면서도 그대로 챙겼다. 갑의 죄책은? - 사기죄

| 관련판례 1 |

부작위에 의한 기망과 고지의무에 관한 판례

부작위에 의한 기망은 상대방이 착오에 빠져 있는 것을 지실하면서 법률상 고지의무가 있음에도 불구하고 이를 고지하지 아니하고 사실을 묵비 하는 것을 말하고 신의성실의 원칙하에 이루어져야 할 거래상의 필요가 있는 경우에도 법률상의 고지의무가 있다고 할 것이다(대법원 1980.7.8, 79도2734 판결).

| 관련판례 2 |

사기죄의 요건으로서의 기망의 의미에 관한 판례

사기죄의 요건으로서의 기망은 널리 재산상의 거래관계에 있어서 서로 지켜야

할 신의와 성실의 의무를 저버리는 모든 적극적 또는 소극적 행위를 말한다(대법원 1983.6.28, 83도1013 판결).

6. A백화점은 최근 정기 바겐세일을 하면서 종전에 판매한 적이 없던 신상품에 대하여 종전 가격 10만원인 제품을 5만원에 할인 판매하는 것처럼 광고를 하며 실제 판매도 하였다. A백화점의 죄책은? - 사기죄

| 관련판례 1 |

상품의 허위, 과장광고가 사기죄의 기망행위에 해당하는 경우와
대형백화점에서의 이른바 변칙세일이 사기죄의 기망행위를 구성한다고 한 사례

사기죄의 요건으로서의 기망은 널리 재산상의 거래관계에 있어서 서로 지켜야 할 신의와 성실의 의무를 저버리는 모든 적극적 및 소극적 행위로서 사람으로 하여금 착오를 일으키게 하는 것을 말하며 사기죄의 본질은 기망에 의한 재물이나 재산상 이익의 취득에 있고, 상대방에게 현실적으로 재산상 손해가 발생함을 그 요건으로 하지 아니하는바, 일반적으로 상품의 선전, 광고에 있어 다소의 과장, 허위가 수반되는 것은 그것이 일반 상거래의 관행과 신의칙에 비추어 시인될 수 있는 한 기망성이 결여된다고 하겠으나 거래에 있어서 중요한 사항에 관하여 구체적 사실을 거래상의 신의성실의 의무에 비추어 비난받을 정도의 방법으로 허위로 고지한 경우에는 과장, 허위광고의 한계를 넘어 사기죄의 기망행위에 해당한다.

현대산업화 사회에 있어 소비자가 갖는 상품의 품질, 가격에 대한 정보는 대부분 생산자 및 유통업자의 광고에 의존할 수밖에 없고 백화점과 같은 대형유통업체에 대한 소비자들의 신뢰(정당한 품질, 정당한 가격)는 백화점 스스로의 대대적인 광고에 의하여 창출된 것으로서 이에 대한 소비자들의 신뢰와 기대는 보호되어야 한다고 할 것인바, 종전에 출하한 일이 없던 신상품에 대하여 첫 출하시부터 종전가격 및 할인가격을 비교표시하여 막바로 세일에 들어가는 이른바 변칙세일은 진실규명이 가능한 구체적 사실인 가격조건에 관하여 기망이 이루어진 경우로서 그 사술의 정도가 사회적으로 용인될 수 있는 상술의 정도를 넘은 것이어서 사기죄의 기망행위를 구성한다(대법원 1992.9.14, 91도2994 판결).

관련판례 2

백화점의 식품매장에서 재고 생식품을 가공일자가 재포장일자로 기재된 바코드라벨을 부착하여 재판매하는 행위는 사기죄의 기망행위라고 한 사례

백화점의 식품매장에서 당일 판매되지 못하고 남은 생식품들에 대하여 그 다음 날 아침 포장지를 교체하면서 가공일자가 재포장일자로 기재된 바코드라벨을 부착하여 재판매하는 행위 내지 판매기법은 제품의 신선도에 대한 소비자들의 신뢰를 배신하고 그들의 생식품 구매 동기에 있어서 중요한 요소인 가공일자에 관한 착오를 이용하여 재고상품을 종전 가격에 판매하고자 하는 것으로서 그 사술의 정도가 사회적으로 용인될 수 있는 상술의 정도를 넘은 기망행위다(대법원 1995.7.28, 95도1157 판결).

7. 갑은 시동이 켜져 있는 오토바이를 보고 소유자의 승낙 없이 타고 가서 다른 장소에 방치하였다. 갑의 죄책은? - 절도죄

관련판례

형법 제331조의2 소정의 자동차등불법사용죄의 적용 요건 및 절도죄에 있어서 불법영득의 의사와 소유자의 승낙 없이 오토바이를 타고 가서 다른 장소에 버린 경우, 자동차등불법사용죄가 아닌 절도죄가 성립한다고 한 사례

형법 제331조의2에서 규정하고 있는 자동차등불법사용죄는 타인의 자동차 등의 교통수단을 불법영득의 의사 없이 일시 사용하는 경우에 적용되는 것으로서 불법영득의사가 인정되는 경우에는 절도죄로 처벌할 수 있을 뿐 본죄로 처벌할 수 없다 할 것이며, 절도죄의 성립에 필요한 불법영득의 의사라 함은 권리자를 배제하고 타인의 물건을 자기의 소유물과 같이 이용, 처분할 의사를 말하고 영구적으로 그 물건의 경제적 이익을 보유할 의사임은 요치 않으며 일시사용의 목적으로 타인의 점유를 침탈한 경우에도 이를 반환할 의사 없이 상당한 장시간 점유하고 있거나 본래의 장소와 다른 곳에 유기하는 경우에는 이를 일시 사용하는 경우라고는 볼 수 없으므로 영득의 의사가 없다고 할 수 없다. 그러므로 소유자의 승낙 없이 오토바이를 타고 가서 다른 장소에 버린 경우, 자동차등불법사용죄가 아닌 절도죄가 성립한다(대법원 2002.9.6, 2002도3465 판결).

II. 죄형법정주의

죄형법정주의란 어떠한 행위가 범죄에 해당하고, 그에 따르는 형벌은 무엇인지를 반드시 국회에서 제정한 법률에 의해 규정되어야 한다는 형사법의 대원칙을 말한다. 즉 법률 없으면 범죄 없고 형벌 없다는 근대형법의 기본원리를 죄형법정주의라 한다. 죄형법정주의는 국가의 자의적인 형벌권의 남용으로부터 국민의 자유를 보장하고, 법률에 의해 국가 형벌권을 통제하기 위한 원칙이다.

오늘날에 와서는 죄형법정주의는 범죄와 형벌권의 근거가 법률에 있으면 된다는 의미를 떠나 실질적 법치주의 이념에 부합해야 한다는 것으로 발전하였다. 이것은 형식적 법률이 있기만 하면 형벌권을 행사할 수 있기에 입법자가 법률을 제정하여 형벌권의 남용을 통제할 수 없다는 역사적 교훈에 따른 것이다.

실질적 죄형법정주의는 정의에 반하는 부당한 법률의 제정까지도 금지하는 원칙으로써 적절한 법률이 없으면 범죄 없고 형벌 없다는 원칙으로 수정하게 됨으로써 정의의 원칙에 부합하는 형벌이 타당하며, 입법자도 구속하는 원칙으로 발전하게 된다.

우리 헌법도 제12조 제1항에서 "모든 국민은 신체의 자유를 가진다. 누구든지 법률에 의하지 아니하고는 체포 · 구속 · 압수 · 수색 또는 심문을 받지 아니하며, 법률과 적법한 절차에 의하지 아니하고는 처벌 · 보안처분 또는 강제노역을 받지 아니한다", 형법 제1조 제1항에서 "범죄의 성립과 처벌은 행위 시의 법률에 따른다"라고 하여 죄형법정주의를 규정하고 있다.

죄형법정주의의 확장 개념으로, 관습형법 금지의 원칙, 소급효 금지의 원칙, 명확성의 원칙, 유추해석 금지의 원칙, 적정성의 원칙 등이 있다.

한편 형벌불소급의 원칙이란 모든 법률은 행위시의 법률을 적용하고, 사후입법으로 소급해서 적용할 수 없다는 원칙을 말한다. 우리 헌법도 제13조 제1항에서 '모든 국민은 행위시의 법률에 의하여 범죄를 구성하지 아니하는 행위로 소추되지 아니하며, 동일한 범죄에 대하여 거듭 처벌받지 아니한다'라고 하여 형벌불소급의 원칙을 규정하고 있다.

| 관련판례 1 |

죄형법정주의와 유추해석금지의 원칙의 의의에 관한 판례

죄형법정주의는 국가형벌권의 자의적인 행사로부터 개인의 자유와 권리를 보호하기 위하여 죄와 형을 법률로 정할 것을 요구하고, 이로부터 파생된 유추해석금지의 원칙은 성문의 규정은 엄격히 해석되어야 한다는 전제 아래 피고인에게 불리하게 성문규정이 표현하는 본래의 의미와 다른 내용으로 유추해석함을 금지하고 있다(대법원 1992.10.13, 92도1428 전원합의체 판결).

| 관련판례 2 |

형벌법규의 해석원칙에 관한 판례

형벌법규의 해석은 엄격하여야 하고 명문규정의 의미를 피고인에게 불리한 방향으로 지나치게 확장해석하거나 유추해석하는 것은 죄형법정주의의 원칙에 어긋나는 것으로서 허용되지 않는다(대법원 2006.6.2, 2006도265 판결).

| 관련판례 3 |

법률의 시행령이 형사처벌에 관한 사항을 규정하면서 법률의 명시적인 위임 범위를 벗어나 처벌 대상을 확장하는 경우, 위임입법의 한계를 벗어나 무효인지 여부에 관한 판례

법률의 시행령은 모법인 법률의 위임 없이 법률이 규정한 개인의 권리 · 의무에 관한 내용을 변경 · 보충하거나 법률에서 규정하지 아니한 새로운 내용을 규정할 수 없고, 특히 법률의 시행령이 형사처벌에 관한 사항을 규정하면서 법률의 명시적인 위임 범위를 벗어나 처벌의 대상을 확장하는 것은 죄형법정주의의 원칙에도 어긋나는 것이므로, 그러한 시행령은 위임입법의 한계를 벗어난 것으로서 무효이다(대법원 2017.2.16, 2015도16014 전원합의체 판결).

| 관련판례 4 |

형벌법규의 해석 방법에 관한 판례

형벌법규는 문언에 따라 엄격하게 해석 · 적용하여야 하고 피고인에게 불리한

방향으로 지나치게 확장해석하거나 유추해석하여서는 안 된다. 그러나 형벌법규를 해석할 때에도 가능한 문언의 의미 내에서 해당 규정의 입법 취지와 목적 등을 고려한 법률체계적 연관성에 따라 그 문언의 논리적 의미를 분명히 밝히는 체계적·논리적 해석 방법은 그 규정의 본질적 내용에 가장 접근한 해석을 하기 위한 것으로 죄형법정주의의 원칙에 부합한다(대법원 2017.12.7, 2017도10122 판결).

| 관련판례 5 |

공소시효를 정지·연장·배제하는 특례조항을 신설하면서 소급적용에 관한 명시적인 경과규정을 두지 않은 경우, 그 조항을 소급하여 적용할 수 있는지 판단하는 방법에 관한 판례

공소시효를 정지·연장·배제하는 특례조항을 신설하면서 소급적용에 관한 명시적인 경과규정을 두지 않은 경우 그 조항을 소급하여 적용할 수 있는지에 관해서는 보편타당한 일반원칙이 존재하지 않고, 적법절차원칙과 소급금지원칙을 천명한 헌법 제12조 제1항과 제13조 제1항의 정신을 바탕으로 하여 법적 안정성과 신뢰보호원칙을 포함한 법치주의 이념을 훼손하지 않는 범위에서 신중히 판단해야 한다(대법원 2021.2.25, 2020도3694 판결).

Ⅲ. 범죄의 성립요건

어떤 행위가 범죄라고 할 수 있기 위해서는 그 행위가 법률에서 금지하고 있는 행위에 해당하여야 하고(구성요건해당성), 또 그 행위가 법률상 허용되지 않아야 하며(위법성), 그리고 그 행위를 한 사람에게 그 행위에 대한 책임(책임)이 인정되어야 한다. 즉 어떤 행위가 범죄라고 할 수 있기 위해서는 구성요건해당성, 위법성, 책임이 인정되어야 하는데, 이를 범죄의 성립요건이라 한다.

1. 구성요건해당성

구성요건이란 법률이 범죄로 구성해 놓은 요건을 의미한다. 그리고 구체적인 행위나 사실이 이러한 범죄의 구성요건에 해당하는 성질을 구성요건해당성이라 한다.

2. 위 법 성

위법성이란 구성요건에 해당하는 행위가 법질서에 위반해야 한다는 것이다. 일반적으로 구성요건에 해당하는 행위는 위법한 것으로 인정되나, 위법성이 인정되지 않는 예외적인 경우를 정하고 있는데 이를 위법성조각사유라고 한다. 즉 위법성조각사유란 위법성을 없애주는 사유를 의미한다. 형법에 규정되어 있는 위법성조각사유에는 ① 정당행위, ② 정당방위, ③ 긴급피난, ④ 자구행위, ⑤ 피해자의 승낙 등이 있다.

| 관련판례 1 |

신문기자가 기사 작성 자료를 수집하기 위해 취재에 응해 줄 것을 요청하고 취재한 내용을 관계 법령에 저촉되지 않는 범위 내에서 보도하는 것이 '정당행위'에 해당하는지 여부에 관한 판례

신문은 헌법상 보장되는 언론자유의 하나로서 정보원에 대하여 자유로이 접근할 권리와 취재한 정보를 자유로이 공표할 자유를 가지므로(신문 등의 진흥에 관한 법률 제3조 제2항 참조), 종사자인 신문기자가 기사 작성을 위한 자료를 수집하기 위해 취재활동을 하면서 취재원에게 취재에 응해 줄 것을 요청하고 취재한 내용을 관계 법령에 저촉되지 않는 범위 내에서 보도하는 것은 신문기자의 일상적 업무 범위에 속하는 것으로서, 특별한 사정이 없는 한 사회통념상 용인되는 행위라고 보아야 한다(대법원 2011.7.14, 2011도639 판결).

| 관련판례 2 |

부의 신체 등에 대한 위해를 방위하기 위한 정당방위로서 위법성이 조각된다고 본 사례

차량통행문제를 둘러싸고 피고인의 부와 다툼이 있던 피해자가 그 소유의 차량에 올라타 문안으로 운전해 들어가려 하자 피고인의 부가 양팔을 벌리고 이를 제지하였으나 위 피해자가 이에 불응하고 그대로 그 차를 피고인의 부 앞쪽으로 약 3미터 가량 전진시키자 위 차의 운전석 부근 옆에 서 있던 피고인이 부가 위 차에 다치겠으므로 이에 당황하여 위 차를 정지시키기 위하여 운전석 옆 창문을 통하여 피해자의 머리털을 잡아당겨 그의 흉부가 위 차의 창문틀에 부딪혀 약간의 상처를 입게 한 행위는 부의 생명, 신체에 대한 현재의 부당한 침해를 방위하기 위한 행위로서 정당방위에 해당한다(대법원 1986.10.14, 86도1091 판결).

| 관련판례 3 |

형법 제20조에 정하여진 '사회상규에 위배되지 아니하는 행위'의 의미 및 정당행위의 성립 요건에 관한 판례

형법 제20조에 정하여진 '사회상규에 위배되지 아니하는 행위'라 함은, 법질서 전체의 정신이나 그 배후에 놓여 있는 사회윤리 내지 사회통념에 비추어 용인될 수 있는 행위를 말하므로, 어떤 행위가 그 행위의 동기나 목적의 정당성, 행위의 수단이나 방법의 상당성, 보호이익과 침해이익의 법익 균형성, 긴급성, 그 행위 이외의 다른 수단이나 방법이 없다는 보충성 등의 요건을 갖춘 경우에는 정당행위에 해당한다 할 것이다(대법원 2014.1.16, 2013도6761 판결).

| 관련판례 4 |

싸움 중에 이루어진 가해행위가 정당방위 또는 과잉방위행위에 해당할 수 있는지 여부에 관한 판례

가해자의 행위가 피해자의 부당한 공격을 방위하기 위한 것이라기보다는 서로 공격할 의사로 싸우다가 먼저 공격을 받고 이에 대항하여 가해하게 된 것이라고 봄이 상당한 경우, 그 가해행위는 방어행위인 동시에 공격행위의 성격을 가지므로 정당방위 또는 과잉방위행위라고 볼 수 없다(대법원 2000.3.28, 2000도228 판결).

| 관련판례 5 |

공무집행방해죄에서 '적법한 공무집행'의 의미 및 현행범인이 경찰관의 불법한 체포를 면하려고 반항하는 과정에서 경찰관에게 상해를 가한 경우 '정당방위'의 성립 여부에 관한 판례

형법 제136조가 규정하는 공무집행방해죄는 공무원의 직무집행이 적법한 경우에 한하여 성립하고, 여기서 적법한 공무집행은 그 행위가 공무원의 추상적 권한에 속할 뿐 아니라 구체적 직무집행에 관한 법률상 요건과 방식을 갖춘 경우를 가리킨다. 경찰관이 현행범인 체포 요건을 갖추지 못하였는데도 실력으로 현행범인을 체포하려고 하였다면 적법한 공무집행이라고 할 수 없고, 현행범인 체포행위가 적법한 공무집행을 벗어나 불법인 것으로 볼 수밖에 없다면, 현행범이 체포를 면하려고 반항하는 과정에서 경찰관에게 상해를 가한 것은 불법체포로 인한 신체에 대한 현재의 부당한 침해에서 벗어나기 위한 행위로서 정당방위에 해당하여 위법성이 조각된다(대법원 2011.5.26, 2011도3682 판결).

| 관련판례 6 |

스스로 야기한 강간범행의 와중에서 피해자가 손가락을 깨물며 반항하자 물린 손가락을 비틀며 잡아 뽑다가 피해자에게 치아결손의 상해를 입힌 소위를 긴급피난행위라 할 수 있는지 여부에 관한 판례

피고인이 스스로 야기한 강간범행의 와중에서 피해자가 피고인의 손가락을 깨물며 반항하자 물린 손가락을 비틀며 잡아 뽑다가 피해자에게 치아결손의 상해를 입힌 소위를 가리켜 법에 의하여 용인되는 피난행위라 할 수 없다(대법원 1995.1.12, 94도2781 판결).

| 관련판례 7 |

형법 제22조 제1항의 긴급피난에서 '상당한 이유 있는 행위'에 해당하기 위한 요건에 관한 판례

형법 제22조 제1항의 긴급피난이란 자기 또는 타인의 법익에 대한 현재의 위난을 피하기 위한 상당한 이유 있는 행위를 말하고, 여기서 '상당한 이유 있는 행위'에 해당하려면, 첫째 피난행위는 위난에 처한 법익을 보호하기 위한 유일한 수단이어야 하고, 둘째 피해자에게 가장 경미한 손해를 주는 방법을 택하여야 하며, 셋째 피난행위에 의하여 보전되는 이익은 이로 인하여 침해되는 이익보다 우월해야 하고, 넷째 피난행위는 그 자체가 사회윤리나 법질서 전체의 정신에 비추어 적합한 수단일 것을 요하는 등의 요건을 갖추어야 한다(대법원 2006.4.13, 2005도9396 판결).

| 관련판례 8 |

형법상 자구행위의 의미와 추정적 승낙의 의미에 관한 판례

형법상 자구행위라 함은 법정절차에 의하여 청구권을 보전하기 불능한 경우에 그 청구권의 실행불능 또는 현저한 실행곤란을 피하기 위한 상당한 행위를 말하는 것이다.

추정적 승낙이란 피해자의 현실적인 승낙이 없었다고 하더라도 행위 당시의 모든 객관적 사정에 비추어 볼 때 만일 피해자가 행위의 내용을 알았더라면 당연히 승낙하였을 것으로 예견되는 경우를 말한다(대법원 2006.3.24, 2005도8081 판결).

| 관련판례 9 |

소유권을 내세워 소송계속 중인 건조물의 자물쇠를 쇠톱으로 절단하고 침입한 행위가 자구행위인지 여부에 관한 판례

소유권의 귀속에 관한 분쟁이 있어 민사소송이 계속중인 건조물에 관하여 현실적으로 관리인이 있음에도 위 건조물의 자물쇠를 쇠톱으로 절단하고 침입한 소위는 법정절차에 의하여 그 권리를 보전하기가 곤란하고 그 권리의 실행불능이나 현저한 실행곤란을 피하기 위해 상당한 이유가 있는 행위라고 할 수 없다(대법원 1985.7.9, 85도707 판결).

| 관련판례 10 |

치사의 결과에 대한 예견가능성이 있고 피해자의 승낙이 있었다고 보기 어렵다고 한 사례

각종의 장기와 신경이 밀집되어 있어 인체의 가장 중요한 부위를 점하고 있는 흉부에 대한 강도의 타격은 생리적으로 중대한 영향을 줄 뿐만 아니라 신경에 자극을 줌으로써 이에 따른 쇼크로 인해 피해자를 사망에 이르게 할 수 있고, 더우기 그 가격으로 급소를 맞을 때에는 더욱 그러할 것인데, 피할만한 여유도 없는 좁은 장소와 상급자인 피고인이 하급자인 피해자로부터 아프게 반격을 받을 정도의 상황에서 신체가 보다 더 건강한 피고인이 피해자에게 약 1분 이상 가슴과 배를 때렸다면 사망의 결과에 대한 예견가능성을 부정할 수도 없을 것이며 위와 같은 상황에서 이루어진 폭행이 장난권투로서 피해자의 승낙에 의한 사회상규에 어긋나지 않는 것이라고도 볼 수 없다(대법원 1989.11.28, 89도201 판결).

3. 책 임

책임이란 구성요건에 해당하고 위법한 행위를 한 사람에 대한 비난가능성을 의미한다. 그러므로 그 행위를 한 사람을 비난할 수 없는 경우에는 책임이 인정되지 않아 범죄가 성립하지 않게 된다. 구성요건에 해당하고 위법한 행위라도 책임이 부정되는 사유가 인정되면 책임이 인정되지 않고 범죄가 불성립하게 되는데, 이 때 책임이 부정되는 사유를 책임조각사유라 한다. 형법에 규정되어 있는 책임조각사유에는 ① 책임무능력자의 경우, ② 위법성의 인식이 없는 경우(금지착오), ③ 기대가능성이 없는 경우 등이 있다.

| 관련판례 1 |

음주운전과 관련한 도로교통법 위반죄의 범죄수사를 위하여 미성년자인 피의자의 혈액채취가 필요한 경우, 법정대리인이 의사능력 없는 피의자를 대리하여 채혈에 관한 동의를 할 수 있는지 여부에 관한 판례

형사소송법상 소송능력이란 소송당사자가 유효하게 소송행위를 할 수 있는 능력, 즉 피고인 또는 피의자가 자기의 소송상의 지위와 이해관계를 이해하고 이에 따라 방어행위를 할 수 있는 의사능력을 의미하는데, 피의자에게 의사능력이 있으면 직접 소송행위를 하는 것이 원칙이고, 피의자에게 의사능력이 없는 경우에는 형법 제9조 내지 제11조의 규정의 적용을 받지 아니하는 범죄사건에 한하여 예외적으로 법정대리인이 소송행위를 대리할 수 있다(형사소송법 제26조). 따라서 음주운전과 관련한 도로교통법 위반죄의 범죄수사를 위하여 미성년자인 피의자의 혈액채취가 필요한 경우에도 피의자에게 의사능력이 있다면 피의자 본인만이 혈액채취에 관한 유효한 동의를 할 수 있고, 피의자에게 의사능력이 없는 경우에도 명문의 규정이 없는 이상 법정대리인이 피의자를 대리하여 동의할 수는 없다(대법원 2014.11.13, 2013도1228 판결).

| 관련판례 2 |

상사의 지시에 의한 군용물 매각과 강요된 행위에 관한 판례

휘발유 등 군용물의 불법매각이 상사인 포대장이나 인사계 상사의 지시에 의한

것이라 하여도 그 같은 지시가 저항할 수 없는 폭력이나 자기 또는 친족의 생명, 신체에 대한 위해를 방어할 방법이 없는 협박에 상당한 것이라고 인정되지 않은 이상 강요된 행위로서 책임성이 조각된다고 할 수 없다(대법원 1983.12.13, 83도2543 판결).

| 관련판례 3 |

형법 제12조(강요된 행위) 소정의 "폭력" "협박" "강요"의 의미

형법 제12조 소정의 저항할 수 없는 폭력은, 심리적인 의미에 있어서 육체적으로 어떤 행위를 절대적으로 하지 아니할 수 없게 하는 경우와 윤리적 의미에 있어서 강압된 경우를 말하고, 협박이란 자기 또는 친족의 생명, 신체에 대한 위해를 달리 막을 방법이 없는 협박을 말하며, 강요라 함은 피강요자의 자유스런 의사결정을 하지 못하게 하면서 특정한 행위를 하게 하는 것을 말한다(대법원 1983.12.13, 83도2276 판결).

| 관련판례 4 |

법률의 착오의 의미에 관한 팡례

형법 제16조 소정의 법률의 착오는 단순한 법률의 부지를 말하는 것이 아니고 일반적으로는 범죄가 되는 행위이지만 특수한 경우에는 법령에 의하여 허락된 행위로서 죄가 되지 아니한다고 그릇 인정하고 그와 같이 그릇 인정함에 있어서 정당한 이유가 있는 경우에는 벌하지 아니한다는 것이다(대법원 1985.5.14, 84도1271 판결).

Ⅳ. 범죄의 형태

1. 기수 · 미수 · 예비 · 음모

(1) 기　수

기수란 범죄를 구성하는 모든 요건이 충족된 경우, 즉 행위가 구성요건의 모든 표식을 충족하는 경우를 의미한다. 형법은 기수를 범죄의 기본형으로 하고 있다.

(2) 미 수

미수란 범죄의 구성요건의 모든 요소가 충족되지 않고 범죄의 실행에 착수하여 그 행위를 종료하지 못하였거나 종료하였다 하더라도 행위 결과가 발생하지 않는 경우를 의미한다. 이러한 미수에는 장애미수, 중지미수, 불능미수가 있다. 장애미수는 범죄의 실행에 착수 후 자신의 의사와 관계없이 행위를 종료하지 못하였거나 결과가 발생하지 않은 경우를 의미하고, 중지미수는 범죄의 실행에 착수 후 자의적으로 행위를 중단하거나 결과 발생을 막은 경우를 의미하며, 불능미수는 범죄의 대상이나 수단 등에 착오가 있어 의도한 결과가 발생하지 않은 경우를 의미한다.

관련판례 1

중지미수의 성립요건과 다음에 만나 친해지면 응해 주겠다는 피해자의 간곡한 부탁에 따라 강간행위의 실행을 중지한 경우를 중지미수로 본 사례

범죄의 실행행위에 착수하고 그 범죄가 완수되기 전에 자기의 자유로운 의사에 따라 범죄의 실행행위를 중지한 경우 자의에 의한 중지가 일반 사회통념상 장애에 의한 미수라고 보여지는 경우가 아니면 이는 중지미수에 해당한다.

피고인이 피해자를 강간하려다가 피해자의 다음 번에 만나 친해지면 응해 주겠다는 취지의 간곡한 부탁으로 인하여 그 목적을 이루지 못한 후 피해자를 자신의 차에 태워 집에까지 데려다 주었다면 피고인은 자의로 피해자에 대한 강간행위를 중지한 것이고 피해자의 다음에 만나 친해지면 응해 주겠다는 취지의 간곡한 부탁은 사회통념상 범죄실행에 대한 장애라고 여겨지지는 아니하므로 피고인의 행위는 중지미수에 해당한다(대법원 1993.10.12, 93도1851 판결).

관련판례 2

방화 후 불길이 치솟는 것을 보고 겁이 나서 불을 끈 경우를 중지미수에 해당하는 것으로 볼 수 있는지 여부에 관한 판례

피고인이 장롱 안에 있는 옷가지에 불을 놓아 건물을 소훼하려 하였으나 불길이 치솟는 것을 보고 겁이 나서 물을 부어 불을 끈 것이라면, 위와 같은 경우 치솟는 불길에 놀라거나 자신의 신체안전에 대한 위해 또는 범행 발각시의 처벌 등에 두려움을 느끼는 것은 일반 사회통념상 범죄를 완수함에 장애가 되는 사정에 해

당한다고 보아야 할 것이므로, 이를 자의에 의한 중지미수라고는 볼 수 없다(대법원 1997.6.13, 97도957 판결).

| 관련판례 3 |

불능범의 위험성 판단기준에 관한 판례

불능범의 판단기준으로서 위험성 판단은 피고인이 행위 당시에 인식한 사정을 놓고 이것이 객관적으로 일반인의 판단으로 보아 결과발생의 가능성이 있느냐를 따져야 하므로 히로뽕제조를 위하여 에페트린에 빙초산을 혼합한 행위가 불능범이 아니라고 인정하려면 위와 같은 사정을 놓고 객관적으로 제약방법을 아는 과학적 일반인의 판단으로 보아 결과발생의 가능성이 있어야 한다(대법원 1978.3.28, 77도4049 판결).

(3) 예비 · 음모

예비란 특정범죄를 실현할 목적으로 행하여지는 외부적 준비행위로서 아직 실행의 착수에 이르지 아니한 모든 행위를 의미하며, 음모란 2인 이상의 자가 일정한 범죄를 실행할 것을 모의하는 행위를 의미한다.

| 관련판례 1 |

예비음모를 처벌한다는 규정은 있으나 그 형을 따로 정하지 않은 경우 처벌가능 여부에 관한 판례

부정선거관련자처벌법 제5조 제4항에 동법 제5조 제1항의 예비음모는 이를 처벌한다고만 규정하고 있을 뿐이고 그 형에 관하여 따로 규정하고 있지 아니한 이상 죄형법정주의의 원칙상 위 예비음모를 처벌할 수 없다(대법원 1977.6.28, 77도251 판결).

| 관련판례 2 |

형법상 음모죄의 성립요건에 관한 판례

형법상 음모죄가 성립하는 경우의 음모란 2인 이상의 자 사이에 성립한 범죄

실행의 합의를 말하는 것으로, 범죄실행의 합의가 있다고 하기 위하여는 단순히 범죄결심을 외부에 표시 · 전달하는 것만으로는 부족하고, 객관적으로 보아 특정한 범죄의 실행을 위한 준비행위라는 것이 명백히 인식되고, 그 합의에 실질적인 위험성이 인정될 때에 비로소 음모죄가 성립한다(대법원 1999.11.12, 99도3801 판결).

2. 고의범과 과실범

고의범은 범죄를 실행하기 전에 그 행위를 범할 의사를 가지고 하는 범죄이다. 과실범은 주의의무 위반으로 성립되는 범죄를 저지른 경우를 말한다. 형법은 고의범의 처벌을 원칙으로 하고, 과실은 법률에 특별한 규정이 있는 경우에만 처벌된다(형법 제14조).

3. 정범과 공범

(1) 정 범

정범이란 형법에 규정된 기본적 구성요건에 해당하는 행위, 즉 범죄의 실행행위를 한 자를 의미한다.

정범은 단독으로 범행을 한 단독정범과 여럿이 공동으로 범행을 한 공동정범, 직접 스스로 범행을 한 직접정범과 처벌되지 않는 타인을 일방적으로 이용하여 범행을 한 간접정범으로 나누어진다.

(2) 공 범

공범이란 2인 이상이 서로 의사연락으로 범죄를 실현하는 것을 의미한다.

형법은 2인 이상이 공동하여 죄를 범하는 공동정범(형법 제30조), 타인을 교사하여 죄를 범하게 하는 교사범(형법 제31조), 타인의 범죄를 방조하는 종범(형법 제32조)의 3가지를 규정하고 있다.

| 관련판례 1 |

공동정범이 성립하기 위한 주관적 요건인 '공동가공의 의사'의 내용과 공동정범에서 '공모'의 성립요건과 인정 방법 및 공모에 의한 범죄의 공동실행에 해당하는지 판단하는 기준에 관한 판결

공동정범에서 공동가공의 의사는 공동의 의사로 특정한 범죄행위를 하기 위하여 일체가 되어 서로 다른 사람의 행위를 이용하여 자기의 의사를 실행에 옮기는 것을 내용으로 한다.

또한 2인 이상이 공모하여 범죄에 공동가공하는 공범관계에 있어서의 공모는 법률상 어떤 정형을 요구하는 것이 아니고 범죄를 공동실행할 의사가 있는 공범자 상호 간에 직간접적으로 그 공동실행에 관한 암묵적인 의사연락이 있으면 충분하고, 이에 대한 직접증거가 없더라도 정황사실과 경험법칙에 의하여 이를 인정할 수 있다. 그리고 공모에 의한 범죄의 공동실행은 모든 공범자가 스스로 범죄의 구성요건을 실현하는 것을 전제로 하지 아니하고, 그 실현행위를 하는 공범자에게 그 행위결정을 강화하도록 협력하는 것으로도 가능하며, 이에 해당하는지 여부는 행위 결과에 대한 각자의 이해 정도, 행위 가담의 크기, 범행지배에 대한 의지 등을 종합적으로 고려하여 판단하여야 한다(대법원 2020.7.23, 2020도1264 판결).

| 관련판례 2 |

무면허 운전으로 사고를 낸 사람이 동생을 경찰서에 대신 출두시켜 피의자로 조사받도록 한 행위가 범인도피교사죄를 구성하는지 여부에 관한 판례

무면허 운전으로 사고를 낸 사람이 동생을 경찰서에 대신 출두시켜 피의자로 조사받도록 한 행위는 범인도피교사죄를 구성한다(대법원 2006.12.7, 2005도3707 판결).

| 관련판례 3 |

교사자가 공범관계로부터 이탈하여 교사범의 죄책을 부담하지 않기 위한 요건과 정범이 교사자의 교사행위에 의하여 범죄 실행을 결의하게 된 경우, 교사행위 외에 다른 원인이 있어 범죄를 실행한 경우에도 교사범이 성립하는지 여부에 관한 판례

교사범이란 정범인 피교사자로 하여금 범죄를 결의하게 하여 그 죄를 범하게

한 때에 성립하는 것이고, 교사범을 처벌하는 이유는 이와 같이 교사범이 피교사자로 하여금 범죄 실행을 결의하게 하였다는 데에 있다. 따라서 교사범이 그 공범관계로부터 이탈하기 위해서는 피교사자가 범죄의 실행행위에 나아가기 전에 교사범에 의하여 형성된 피교사자의 범죄 실행의 결의를 해소하는 것이 필요하고, 이 때 교사범이 피교사자에게 교사행위를 철회한다는 의사를 표시하고 이에 피교사자도 그 의사에 따르기로 하거나 또는 교사범이 명시적으로 교사행위를 철회함과 아울러 피교사자의 범죄 실행을 방지하기 위한 진지한 노력을 다하여 당초 피교사자가 범죄를 결의하게 된 사정을 제거하는 등 제반 사정에 비추어 객관적·실질적으로 보아 교사범에게 교사의 고의가 계속 존재한다고 보기 어렵고 당초의 교사행위에 의하여 형성된 피교사자의 범죄 실행의 결의가 더 이상 유지되지 않는 것으로 평가할 수 있다면, 설사 그 후 피교사자가 범죄를 저지르더라도 이는 당초의 교사행위에 의한 것이 아니라 새로운 범죄 실행의 결의에 따른 것이므로 교사자는 형법 제31조 제2항에 의한 죄책을 부담함은 별론으로 하고 형법 제31조 제1항에 의한 교사범으로서의 죄책을 부담하지는 않는다고 할 수 있다.

한편 교사범이 성립하기 위해 교사범의 교사가 정범의 범행에 대한 유일한 조건일 필요는 없으므로, 교사행위에 의하여 피교사자가 범죄 실행을 결의하게 된 이상 피교사자에게 다른 원인이 있어 범죄를 실행한 경우에도 교사범의 성립에는 영향이 없다(대법원 2012.11.15, 2012도7407 판결).

| 관련판례 4 |

공동정범과 종범의 구별 기준에 관한 판례

공동정범의 본질은 행위자들이 공동의 의사로 역할을 분담하여 기능적 행위지배를 하고 있는 것임에 반하여, 종범은 그러한 행위지배가 없다는 점에서 양자가 구별된다(대법원 2017.5.17, 2017도2573 판결).

| 관련판례 5 |

정범의 범죄행위 없이 방조범만이 성립될 수 있는지 여부에 관한 판례

방조범은 종범으로서 정범의 존재를 전제로 하는 것이므로, 정범의 범죄행위 없이 방조범만이 성립될 수는 없다(대법원 2017.5.31, 2016도12865 판결).

4. 작위범과 부작위범

작위범이란 작위 즉 신체의 적극적인 동작에 의하여 범하여지는 범죄 또는 그 범인을 의미하며, 부작위범이란 부작위 즉 소극적인 동작에 의하여 범하여지는 범죄 또는 그 범인을 의미한다. 또한 작위범이란 규범적으로 금지되어 있는 것을 함으로써 성립하는 범죄를 의미하고, 부작위범은 규범적으로 요구되는 것을 하지 않음으로써 성립하는 범죄를 의미한다.

Ⅴ. 형벌의 종류

1. 생 명 형

생명형에는 사형이 있는데, 이것은 국가가 수형자의 생명을 박탈하는 형벌로 가장 무거운 형벌이다. 그 집행방법은 교정시설 안에서 교수하여 집행하는 것이 원칙이나(형법 제66조) 군인인 경우 총살형에 처할 수도 있다.

2. 자 유 형

수형자의 자유를 박탈하는 형벌로 징역 · 금고 · 구류가 있다.

(1) 징 역

징역은 수형자를 교정시설에 수용하여 집행하며, 정해진 노역에 복무하게 한다.

징역에는 무기와 유기의 2종이 있고, 무기는 종신형을 말하며 유기는 1월 이상 30년 이하이고, 유기형에 형을 가중하는 때에는 최고 50년까지로 한다(형법 제42조).

(2) 금 고

수형자를 교정시설에 수용하고 자유를 박탈하는 점에서 징역과 같으나, 노역에 복무하지 않는 점에서 징역과 다르다. 그러나 금고수형자에게도 신청에 의하여 작업을 과할 수 있다(행형법 제38조).

금고에 있어서도 무기와 유기가 있으며 그 기간은 징역형과 같다. 금고는 주로 과실범 및 정치상의 확신범과 같은 비파렴치성 범죄자에게 과하고 있다.

(3) 구 류

금고와 같으나 그 기간이 1일 이상 30일 미만이라는 점이 다르다(형법 제46조).

구류는 형법에서는 아주 예외적인 경우에만 적용되며(형법 제266조 과실상해죄), 주로 경범죄에 과하고 있다. 구류도 교정시설에 수용하여 집행한다(형법 제68조).

3. 재 산 형

재산형이란 범죄자로부터 일정한 재산을 박탈하는 형벌을 의미하며, 벌금 · 과료 · 몰수가 있다.

(1) 벌 금

벌금이란 범죄인에 대하여 일정액의 금전을 박탈하는 형벌이다. 형법 제45조에 "벌금은 50,000원 이상으로 한다. 다만, 감경하는 경우에는 50,000원미만으로 할 수 있다"라고 규정하고 있다. 벌금은 판결확정일로부터 30일 이내에 납입하여야 하며, 벌금을 납입하지 아니한 자는 1일 이상 3년 이하 노역장에 유치하여 작업에 복무하게 하는데(형법 제69조) 이를 환형유치라고 한다.

(2) 과 료

벌금과 같으나 그 금액이 2천원 이상 5만원 미만으로 판결확정일로부터 30일 이내에 납입하여야 하며, 납입하지 아니한 자는 1일 이상 30일 미만의 기간 노역장에 유치하여 작업에 복무하게 한다(형법 제69조).

주의할 것은 행정질서벌의 하나인 과태료와의 구분이다. 과태료는 형벌의 성질을 가지지 않는 국가 또는 지방자치단체가 행정법상 질서위반행위에 대하여 부과 · 징수하는 행정상의 벌과금이다.

(3) 몰 수

몰수는 원칙적으로 타형에 부가하여 과하는 형벌로서(형법 제49조) 범죄행위와 관계있는 일정한 물건을 박탈하여 국고에 귀속시키는 처분이다. 몰수에는 필요적 몰수와 임의적 몰수가 있는데 임의적 몰수가 원칙이다.

몰수할 수 있는 물건으로는 ① 범죄행위에 제공하였거나 제공하려고 한 물건, ② 범죄행위로 인하여 생겼거나 취득한 물건, ③ ①②의 대가로 취득한 물건이다. 몰수할 수 없는 때에는 그 가액을 추징한다. 또한 문서, 도화, 전자기록 등 특수매체기록 또는 유가증권의 일부가 몰수의 대상이 된 경우에는 그 부분을 폐기한다(형법 제48조).

| 관련판례 |

형법 제48조에서 규정한 몰수·추징의 대상인 '범인이 범죄행위로 인하여 취득한 물건'에서 '취득'의 의미

형법 제48조가 규정하는 몰수·추징의 대상은 범인이 범죄행위로 인하여 취득한 물건을 뜻하고, 여기서 '취득'이란 해당 범죄행위로 인하여 결과적으로 이를 취득한 때를 말한다고 제한적으로 해석함이 타당하다(대법원 2021.7.21, 2020도10970 판결).

4. 자 격 형

자격형이란 범죄자의 명예나 자격을 박탈하는 형벌로 자격상실과 자격정지가 있다.

(1) 자격상실

자격상실이란 수형자에게 일정한 형의 선고가 있으면 그 형의 효력으로서 당연히 일정한 자격이 상실되는 형벌이다.

형법상 자격이 상실되는 경우로는 사형, 무기징역 또는 무기금고의 판결을 받은 경우이며, 상실되는 자격은 ① 공무원이 되는 자격, ② 공법상의 선거권과 피선거권, ③ 법률로 요건을 정한 공법상의 업무에 관한 자격, ④ 법인의 이사, 감사, 또는 지배인 기타 법인의 업무에 관한 검사역이나 재산관리인이 되는 자격 등이다. 유기징역 또는 유기금고의 판결을 받은 자는 그 형의 집행이 종료하거나 면제될 때까지 전항 ①②③에 기재된 자격이 정지된다. 다만, 다른 법률에 특별한 규정이 있는 경우에는 그 법률에 따른다(형법 제43조).

(2) 자격정지

자격정지란 수형자의 일정한 자격을 일정한 기간 정지시키는 경우로 현행 형법상 범죄의 성질에 따라 선택형 또는 병과형으로 하고 있다.

형법 제43조에 기재한 자격의 전부 또는 일부에 대한 정지는 1년 이상 15년 이하로 하며, 유기징역 또는 유기금고에 자격정지를 병과한 때에는 징역 또는 금고의 집행을 종료하거나 면제된 날로부터 정지기간을 기산한다(형법 제44조).

<요 약>

1. 범죄의 성립요건

(1) 구성요건해당성

구체적인 행위나 사실이 형법이 정한 범죄의 구성요건에 해당하는 성질

(2) 위법성

구성요건에 해당하는 행위가 법률상 허용되지 않는 성질

* 위법성조각사유 : 위법성이 인정되지 않는 예외적인 경우

형법에 규정되어 있는 위법성조각사유 : ① 정당행위, ② 정당방위, ③ 긴급피난, ④ 자구행위, ⑤ 피해자의 승낙

(3) 책 임

구성요건에 해당하고 위법한 행위를 한 사람에 대한 비난가능성

* 책임조각사유 : 구성요건에 해당하고 위법한 행위라도 책임이 부정되는 사유가 인정되면 책임이 인정되지 않고 범죄가 불성립하게 되는데, 이 때 책임이 부정되는 사유

형법에 규정되어 있는 책임조각사유 : ① 책임무능력자의 경우, ② 위법성의 인식이 없는 경우(금지착오), ③ 기대가능성이 없는 경우

2. 범죄의 형태

(1) 기 수

범죄를 구성하는 모든 요건이 충족된 경우

(2) 미 수

범죄의 구성요건의 모든 요소가 충족되지 않고 범죄의 실행에 착수하여 그 행위를 종료하지 못하였거나 종료하였다 하더라도 행위 결과가 발생하지 않는 경우로 장애미수, 중지미수, 불능미수가 있다

(3) 예비 · 음모

범죄의 실행을 착수하기 전 단계의 단순한 준비행위나 모의행위

3. 고의범과 과실범

고의범 : 범죄를 실행하기 전에 그 행위를 범할 의사를 가지고 하는 범죄

과실범 : 주의의무 위반으로 성립되는 범죄를 저지른 경우

4. 정범과 공범

정 범 : 형법에 규정된 기본적 구성요건에 해당하는 행위, 즉 범죄의 실행행위를 한 자

공 범 : 2인 이상이 서로 의사연락으로 범죄를 실현하는 것

5. 작위범과 부작위범

작위범 : 작위 즉 신체의 적극적인 동작에 의하여 범하여지는 범죄 또는 그 범인

부작위범 : 부작위 즉 소극적인 동작에 의하여 범하여지는 범죄 또는 그 범인

6. 형벌의 종류

(1) 생명형

- 사 형 : 국가가 수형자의 생명을 박탈하는 형벌

(2) 자유형

수형자의 자유를 박탈하는 형벌

- 징역 · 금고 · 구류

(3) 재산형

범죄자로부터 일정한 재산을 박탈하는 형벌

- 벌금 · 과료 · 몰수

cf) 과태료 : 행정상의 벌과금

(4) 자격형

범죄자의 명예나 자격을 박탈하는 형벌

- 자격상실 · 자격정지

제 12 장

형사절차의 이해

Ⅰ. 수사절차
Ⅱ. 형사재판의 진행
Ⅲ. 국민참여재판
Ⅳ. 형의 선고와 집행
Ⅴ. 보호관찰

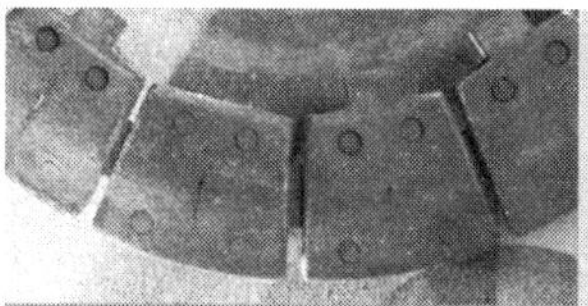

제12장 형사절차의 이해

Ⅰ. 수사절차

1. 수사의 시작

수사란 범죄혐의의 유무를 명백히 하여 공소를 제기·유지할 것인지의 여부를 결정하기 위하여 범인을 발견·확보하고 증거를 수집·보전하는 수사기관의 활동을 의미한다.

수사의 단서 즉 수사개시의 원인이란 수사기관이 범죄의 발생 사실을 알게 되어 수사를 시작하는 것이다. 이에는 고소, 고발, 자수, 범죄신고, 현행범인의 체포, 변사자의 검시, 불심검문, 타사건 수사중의 범죄발견, 기사, 풍설, 세평 등이 있다.

고소란 범죄의 피해자와 그 법정대리인 및 그 밖의 일정한 자(고소권자)가 범죄사실을 수사기관에 알려 그 범죄의 기소를 바란다는 의사표시이다. 자기 또는 배우자의 직계존속을 고소하지 못한다(형사소송법 제224조). 고소가 있었다고 해서 반드시 기소되는 것은 아니고(기소편의주의) 수사를 촉구하는 것일 뿐이며, 이른바 친고죄에 대해서는 고소가 없으면 기소할 수 없고 심리를 시작하는 것도 허용되지 않는다.

고발이란 고소와 마찬가지로 범죄사실을 수사기관에 신고하여 범인의 소추를 구하는 의사표시이다. 그런데 고소와 달리 범인이나 고소권자 이외의 제3자는 누구든지 할 수 있다. 공무원은 그 직무를 행함에 있어 범죄가 있다고 사료하는 때에는 고발하여야 한다(형사소송법 제234조). 또한 고소와 마찬가지로 자기 또는 배우자의 직계존속을 고발하지 못한다(형사소송법 제235조). 한편 단순한 피해신고는 고발이라고 할 수 없다.

고발도 일반적으로는 단순히 수사를 촉진하기 위한 것이나, 특별법에서는 친고죄의 고소와 기타의 공소 내지 심리의 조건이 되는 고발도 있다. 자기 또는 배우자의 직계존속은 고발하지 못한다.

| 관련판례 1 |

수사기관이 고소권자를 증인 또는 피해자로서 신문하였는데, 그 중 범인 처벌을 요구하는 고소권자의 의사표시가 조서에 기재된 경우, 이를 적법한 고소로 볼 수 있는지 여부, 고소에 필요한 고소능력의 정도(=사실상의 의사능력)와 친고죄에서 적법한 고소가 있었는지가 자유로운 증명의 대상인지 여부 및 일죄의 일부에 대한 고소의 효력이 미치는 범위에 관한 판례

친고죄에서 고소는, 고소권 있는 자가 수사기관에 대하여 범죄사실을 신고하고 범인의 처벌을 구하는 의사표시로서 서면뿐만 아니라 구술로도 할 수 있고, 다만 구술에 의한 고소를 받은 검사 또는 사법경찰관은 조서를 작성하여야 하지만 그 조서가 독립된 조서일 필요는 없으며, 수사기관이 고소권자를 증인 또는 피해자로서 신문한 경우에 그 진술에 범인의 처벌을 요구하는 의사표시가 포함되어 있고 그 의사표시가 조서에 기재되면 고소는 적법하다.

고소를 할 때는 소송행위능력, 즉 고소능력이 있어야 하나, 고소능력은 피해를 입은 사실을 이해하고 고소에 따른 사회생활상의 이해관계를 알아차릴 수 있는 사실상의 의사능력으로 충분하므로, 민법상 행위능력이 없는 사람이라도 위와 같은 능력을 갖추었다면 고소능력이 인정된다.

친고죄에서 적법한 고소가 있었는지는 자유로운 증명의 대상이 되고, 일죄의 관계에 있는 범죄사실 일부에 대한 고소의 효력은 일죄 전부에 대하여 미친다(대법원 2011.6.24, 2011도4451,2011전도76 판결).

| 관련판례 2 |

법정대리인의 고소권의 성질 및 고소기간 진행의 시기에 관한 판례

형사소송법 제225조 제1항이 규정한 법정대리인의 고소권은 무능력자(현행 제한능력자)의 보호를 위하여 법정대리인에게 주어진 고유권으로서 피해자의 고소권 소멸여부에 관계없이 고소할 수 있는 것이므로 법정대리인의 고소기간은 법정

대리인 자신이 범인을 알게 된 날로부터 진행한다(대법원 1987.6.9, 87도857 판결).

2. 수사의 진행

(1) 입 건

수사기관이 수사를 개시하여 정식 형사사건으로 되는 것을 입건이라 한다. 입건되어 수사대상이 되면 형사소송법상 피의자가 된다. 즉 피의자란 범죄 혐의가 있어 정식으로 입건되었으나 아직 공소가 제기되지 않은 사람을 의미한다. 한편 참고인이란 범죄 수사를 위하여 수사기관에서 조사를 받는 사람 가운데 피의자 이외의 사람을 의미한다. 이에 반하여 상당한 의심은 있으나 범인이라는 뚜렷한 혐의가 아직 발견되지 않아 입건되지 않은 경우 사람을 용의자라 한다.

(2) 체포와 구속

(가) 체 포

체포란 형법에 의거하여 죄를 범하였다고 의심할 만한 상당한 이유가 있는 피의자를 단시간 동안 수사관서 등 일정한 장소에 가두는 것을 말한다.

체포에는 영장에 의한 체포, 긴급체포, 현행범체포 등이 있다.

영장에 의한 체포가 성립하기 위해서는 피의자가 죄를 범하였다고 의심할 만한 상당한 이유가 있고, 정당한 이유없이 수사기관의 출석요구에 응하지 않거나 응하지 아니할 우려가 있어야 한다(형사소송법 제200조의2).

긴급체포가 성립되기 위해서는 피의자가 사형 · 무기 또는 장기 3년 이상의 징역이나 금고에 해당하는 죄를 범하였다고 의심할 만한 상당한 이유가 있고 피의자가 증거를 인멸할 염려가 있거나 도망하거나 도망할 우려가 있으며 시간적 여유가 없어 법원의 체포영장을 받을 수 없어야 한다(형사소송법 제200조의3).

현행범인이란 범죄를 실행하고 있거나 실행하고 난 직후의 사람이라 하는데(형사소송법 제211조 제1항), 누구든지 현행범인을 영장없이 체포할 수 있다(형사소송법 제212조).

(나) 구 속

형사소송법상 구속이라 함은 구인과 구금을 포함하는데(형사소송법 제69조). 일반적으로는 피의자 또는 피고인의 신체의 자유를 보다 장기간 제한하는 것을 의미한다.

구인이란 피고인 또는 피의자를 법원 기타 일정한 장소에 실력을 행사하여 인치·억류함을 의미하고, 구금이란 피고인 등을 실력을 행사하여 교도소·구치소에 감금함을 의미한다.

(3) 압수·수색·검증

압수란 물건을 수집·보전하기 위하여 이를 강제로 취하는 처분, 수색이란 압수한 물건이나 사람을 발견하기 위한 목적이나 사람의 신체, 물건 또는 일정한 장소에서 그 대상을 찾는 처분, 검증이란 수사기관이 오관의 작용을 통하여 대상을 탐지, 인식하는 처분을 의미한다.

법원은 필요한 때에는 피고사건과 관계가 있다고 인정할 수 있는 것에 한정하여 증거물 또는 몰수할 것으로 사료하는 물건을 압수할 수 있으며(형사소송법 제106조), 법원은 필요한 때에는 피고사건과 관계가 있다고 인정할 수 있는 것에 한정하여 피고인의 신체, 물건 또는 주거, 그 밖의 장소를 수색할 수 있다(형사소송법 제109조). 또한 법원은 사실을 발견함에 필요한 때에는 검증을 할 수 있다(형사소송법 제139조).

(4) 피의자 신문과 참고인 조사

(가) 피의자 신문

피의자 신문이란 수사기관이 수사에 필요한 때에 피의자에게 출석을 요구하여 피의자를 신문하고 그 진술을 듣는 것이다(형사소송법 제200조). 해당 신문을 통해 수사기관은 혐의를 더 구체화하거나 다른 증거를 수집할 수도 있으며, 그 반대로 피의자 또한 오히려 적극적으로 자신에게 유리한 사실을 진술하여 혐의에서 벗어날 수도 있다. 그런데 피의자 신문은 임의수사이기에 참고인은 강제로 소환당하거나 신문당하지 않으며, 출석요구에 응하지 않아도 된다.

진술거부권이란 형사상 자기에게 불리한 진술을 강요당하지 않을 권리를 말하며(헌법 제12조 제2항), 수사기관은 피의자를 신문하기 전에 이러한 진술거부권과 변호인의 조력을 받을 수 있다는 것을 사전에 알려주어야 한다. 진술거부권을 고지하지 않고 신문한 경우에는 그 진술을 기재한 피의자신문조서가 임의성이 인정된다 하더라도 증거능력이 없다. 진술거부권은 어떠한 진술에 대해서도 행사할 수 있으며 대답을 하는 도중에 하지 않아도 된다. 또한 자신에게 유리한 것만 대답하고 불리한 것은 대답하지 않아도 된다.

피의자는 수사기관에 비해 법률적 지식이 매우 부족한 경우가 많기 때문에, 피의자 신문을 받을 때 자신의 행동이나 진술의 법률적 의미를 잘 알지 못해 불이익한 상황에 처하는 경우가 있을 수 있다. 이러한 이유로 피의자신문 시에는 변호인 참여권이 인정되는데, 신문에 참여한 변호인은 원칙적으로 신문 후 의견을 진술할 수 있으나 신문 중에도 부당한 신문방법에 대해서 이의를 제기할 수 있고, 피의자신문조서는 변호인에게 열람하게 한 후 변호인으로 하여금 서명날인을 하게 해야 하며 그 사항을 피의자 신문조서에 기재하여야 한다.

(나) 참고인 조사

참고인은 수사절차상 피의자가 아닌 제삼자를 의미하며, 참고인 조사란 수사에 필요한 때에 참고인의 출석을 요구하여 그 진술을 듣는 것으로 이 경우에 그의 동의를 얻어 영상녹화를 할 수 있다. 참고인 조사도 임의수사이기에 참고인은 강제로 소환당하거나 신문당하지 않으며, 출석요구에 응하지 않아도 된다.

3. 수사의 종료

공소제기 여부를 결정할 수 있을 정도로 사건이 규명되었을 때 수사는 종결된다. 수사결과에 따라 공소제기, 불기소처분, 기소유예, 기소중지 처분을 내리게 된다.

공소제기(기소, 소추)란 검사가 형사사건에 대하여 법원에 재판을 청구하는 것이며, 불기소처분이란 법원의 형사재판에 회부하지 않고 검찰처분으로 사건을 종결하는 것이다. 또한 기소유예란 죄는 인정되지만 피의자의 연령이나 성행, 환경, 피해자에 대한 관계, 범행의 동기나 수단, 범행 후의 정황 등을 참작하여 기소를 하여 처벌하는 것보다는 교화하는 것이 더 효과적이라 판단되면 검사가 기소를 하지 않는 처분이다. 한편 기소중지란 수사를 일시적으로 중지하는 검사의 처분이다.

II. 형사재판의 진행

공소가 제기된 사건에 대하여 법원은 공판을 열어 재판을 하게 된다. 형사재판에서 검사는 원고가 되어 피고인의 죄에 대한 증거를 제시하며 유죄를 주장하고, 피고인 또는 변호사는 죄가 없음을 주장하거나 형벌을 줄여 달라고 요청한다. 재판부는 검사와 피고인 측의 진술을 듣고 판결을 선고한다.

III. 국민참여재판

국민참여재판은 국민이 형사재판에 배심원으로 참여하는 재판이다(국민의 형사재판 참여에 관한 법률 제2조). 이 제도의 목적은 재판의 민주적 정당성과 신뢰를 강화하고, 국민의 시민 의식을 향상하는 것이다.

국민참여재판의 배심원단은 무작위로 뽑힌 만 20세 이상의 국민으로 구성된다. 배심원단은 피고인의 유무죄에 대해 평결하며, 유죄 평결이 내려진 피고인에게 선고할 적정한 형량을 토의한다. 그런데 국민참여재판은 피고인이 원할 때에만 이루어지며, 배심원의 평결은 구속력이 없고 판사에게 권고하는 수준의 효력을 갖는다.

IV. 형의 선고와 집행

1. 형의 선고와 유예

심리결과 피고인의 죄가 인정되면 판사는 유죄의 판결을 하는데 정상에 따라 실형을 선고하는 수도 있고 집행유예를 붙여주는 경우도 있으며 정상이 특히 참작될 때에는 선고유예를 하는 수도 있다. 물론 기소된 사건에 대하여 유죄로 인정할 증거가 없으면 판사는 무죄를 선고한다.

집행유예란 유죄의 형을 선고하면서 이를 즉시 집행하지 않고 일정기간 그 형의 집행을 미루어 주는 것이며, 선고유예란 범죄가 비교적 가벼운 경우에 일정기간 동안 형의 선고를 유예하고 그 유예기간이 지나면 형의 선고를 면하게 하는 제도이다.

2. 형의 집행

재판은 형사소송법에 특별한 규정이 없으면 확정한 후에 집행한다(형사소송법 제459조). 2이상의 형을 집행하는 경우에 자격상실, 자격정지, 벌금, 과료와 몰수 외에는 무거운 형을 먼저 집행한다. 다만, 검사는 소속 장관의 허가를 얻어 무거운 형의 집행을 정지하고 다른 형의 집행을 할 수 있다(형사소송법 제462조).

| 관련판례 |

집행유예기간의 시기를 그 집행유예를 선고한 판결 확정일 이후의 시점으로 임의로 선택할 수 있는지 여부에 관한 판례

우리 형법이 집행유예기간의 시기에 관하여 명문의 규정을 두고 있지는 않지만 형사소송법 제459조가 “재판은 이 법률에 특별한 규정이 없으면 확정한 후에 집행한다.”고 규정한 취지나 집행유예 제도의 본질 등에 비추어 보면 집행유예를 함에 있어 그 집행유예기간의 시기는 집행유예를 선고한 판결 확정일로 하여야 하고 법원이 판결 확정일 이후의 시점을 임의로 선택할 수는 없다(대법원 2002.2.26, 2000도4637 판결).

V. 보호관찰

1. 보호관찰의 의의

보호관찰이란 범죄자를 교도소 · 소년원 등 수용시설에 구금하지 않고, 보호관찰관의 지도 · 감독 아래 사회봉사명령이나 수강명령을 이행하도록 하는 제도이다. 우리나라는 보호관찰 등에 관한 법률을 제정하여 시행하고 있는데 이 법은 죄를 지은 사람으로서 재범 방지를 위하여 보호관찰, 사회봉사, 수강 및 갱생보호 등 체계적인 사회 내 처우가 필요하다고 인정되는 사람을 지도하고 보살피며 도움으로써 건전한 사회 복귀를 촉진하고, 효율적인 범죄예방 활동을 전개함으로써 개인 및 공공의 복지를 증진함과 아울러 사회를 보호함을 목적으로 한다.

2. 보호관찰의 대상자

(1) 보호관찰 대상자

① 형법 제59조의2에 따라 보호관찰을 조건으로 형의 선고유예를 받은 사람, ② 형법 제62조의2에 따라 보호관찰을 조건으로 형의 집행유예를 선고받은 사람, ③ 형법 제73조의2 또는 이 법 제25조에 따라 보호관찰을 조건으로 가석방되거나 임시퇴원된 사람, ④ 소년법 제32조 제1항 제4호 및 제5호의 보호처분을 받은 사람, ⑤ 다른 법률에서 이 법에 따른 보호관찰을 받도록 규정된 사람 등이다.

(2) 사회봉사 · 수강명령 대상자

① 형법 제62조의2에 따라 사회봉사 또는 수강을 조건으로 형의 집행유예를 선고받은 사람, ② 소년법 제32조에 따라 사회봉사명령 또는 수강명령을 받은 사람, ③ 다른 법률에서 이 법에 따른 사회봉사 또는 수강을 받도록 규정된 사람 등이다.

(3) 갱생보호 대상자

갱생보호 대상자는 형사처분 또는 보호처분을 받은 사람으로서 자립갱생을 위한 숙식 제공, 주거 지원, 창업 지원, 직업훈련 및 취업 지원 등 보호의 필요성이 인정되는 사람으로 한다.

| 관련판례 |

근로기준법을 위반한 피고인에 대하여 형의 집행을 유예함과 동시에 집행유예기간 동안 보호관찰을 받을 것을 명하면서 "보호관찰기간 중 선거에 개입하지 말 것"이라는 내용의 특별준수사항을 부과한 원심판단을 정당하다고 한 사례

버스회사 노동조합 지부장인 피고인이 운전기사 신규 채용 내지 정년 도과 후 촉탁직 근로계약의 체결과 관련하여 취업을 원하거나, 정년 후 계속 근로를 원하는 운전기사들로부터 청탁의 대가로 돈을 받아 이익을 취득하였고, 원심이 위 행위에 대해 근로기준법 위반죄의 성립을 인정한 뒤, 피고인에 대하여 형의 집행을 유예함과 동시에 집행유예기간 동안 보호관찰을 받을 것을 명하면서 "보호관찰기간 중 노조지부장 선거에 후보로 출마하거나 피고인을 지지하는 다른 조합원의 출마를 후원하거나 하는 등의 방법으로 선거에 개입하지 말 것"이라는 내용의 특별준수사항을 부과한 사안에서, 범행에 이르게 된 동기와 내용, 피고인의 지위, 업무 환경, 생활상태, 기타 개별적 · 구체적 특성들을 종합할 때, 원심이 피고인의 재범을 방지하고 개선 · 자립에 도움이 된다고 판단하여 위와 같은 특별준수사항을 부과한 것은 정당하다(대법원 2010.9.30, 2010도6403 판결).

<요 약>

① 수 사: 범죄혐의의 유무를 명백히 하여 공소를 제기 · 유지할 것인지의 여부를 결정하기 위하여 범인을 발견 · 확보하고 증거를 수집 · 보전하는 수사기관의 활동

② 수사의 단서(수사개시의 원인): 고소 · 고발, 현행범인의 체포, 변사자의 검시, 풍설, 자수, 범죄신고 등

③ 고 소: 범죄의 피해자(고소권자)가 수사기관에 범죄사실을 신고하여 범인의 처벌을 구하는 의사표시

④ 고 발: 고소권자나 범인 이외의 사람이 수사기관에 범죄사실을 신고하여 그 소추를 구하는 의사표시

⑤ 체 포: 죄를 범하였다고 의심할 만한 상당한 이유가 있는 피의자를 단시간 동안 수사관서 등 일정한 장소에 가두는 것

⑥ 구 속: 피의자 또는 피고인의 신체의 자유를 보다 장기간 제한하는 것

⑦ 압 수: 물건을 수집 · 보전하기 위하여 이를 강제로 취하는 처분

⑧ 수 색: 압수한 물건이나 사람을 발견하기 위한 목적이나 사람의 신체, 물건 또는 일정한 장소에서 그 대상을 찾는 처분

⑨ 검 증: 수사기관이 오관의 작용을 통하여 대상을 탐지, 인식하는 처분

⑩ 공소제기(기소, 소추): 검사가 형사 사건에 대하여 법원에 재판을 청구하는 것

⑪ 불기소처분: 법원의 형사재판에 회부하지 않고 검찰처분으로 사건을 종결하는 것

⑫ 집행유예: 유죄의 형을 선고하면서 이를 즉시 집행하지 않고 일정기간 그 형의 집행을 미루어 주는 것

⑬ 선고유예: 범죄가 비교적 가벼운 경우, 일정기간 동안 형의 선고를 유예하고 그 유예기간이 지나면 형의 선고를 면하게 하는 제도

제 13 장

일상에서 겪는 다양한 법률관계

제13장 일상에서 겪는 다양한 법률관계

Ⅰ. 동물보호법

1. 동물보호법의 제정과 개정

동물보호법은 1991년 5월 31일 제정되어 수차례 개정되고 있는데, 최근 2020년 2월 11일 개정되어 2021년 2월 12일 시행되고 있다. 그러나 다시 2022년 4월 26일 전면개정 되어 2023년 4월 27일, 2024년 4월 27일 순차적으로 시행 된다. 전면개정된 동물보호법에 의하면 동물보호법은 동물의 생명보호, 안전보장 및 복지 증진을 꾀하고, 건전하고 책임있는 사육문화를 조성함으로써, 생명 존중의 국민 정서를 기르고 사람과 동물의 조화로운 공존에 이바지함을 목적으로 한다.

2. 2021년 2월 11일 시행 동물보호법의 주요 내용

(1) 동물학대행위자에 대한 처벌 강화

2년 이하의 징역 또는 2천만원 이하의 벌금에서 3년 이하의 징역 또는 3 만원 이하의 벌금으로 처벌 강화

(2) 동물 유기에 대한 처벌 강화

300만원 이하의 과태료에서 300만원 이하의 벌금으로 강화, 특히 맹견을 유기

하는 경우는 2년 이하의 벌금으로 처벌

(3) 동물등록 방식 중 인식표 방식 폐지

이와 별개로 반려견과 동반 외출 등 기르는 곳을 벗어나게 할 때 인식표 부착하는 것은 해야 한다.

(4) 맹견에 대한 책임보험의 의무 가입

(5) 반려견 외출시 목줄 길이 2m로 제한

3. 2023년 4월 27일 시행 동물보호법 주요 내용

① 반려동물에게 최소한의 사육공간 및 먹이 제공, ② 민간동물보호시설 신 제도입, ③ 소유자가 사육을 포기한 동물 지자체에서 인수, ④ 일정 규모 이상의 동물실험시행기관은 보유한 실험동물의 건강 및 복지증진 업무를 전담하는 전임수의사 둬야, ⑤동물수입업 · 동물판매업 · 동물장묘업이 등록제에서 허가제, 무허가 · 무등록 영업에 대한 처벌 수준 강화 등이다. 종전에 동물수입업 · 판매업 · 장묘업 등록을 한 자는 개정법률에 따른 영업 허가를 받은 것으로 본다. 다만, 시행일(2023년 4월 27일)로부터 1년 이내에 하위법령 개정에 따른 관련 시설 및 인력기준을 갖추어야 한다.

4. 2024년 4월 27일 시행 동물보호법 주요 내용

① 맹견사육허가제 도입, ② 반려동물행동지도사 국가자격 신설, ③ 동물복지축산농장 인증 제도 고도화 및 참여 활성화를 위해 외부 전문기관에 인증 업무를 위탁할 수 있는 근거가 마련되고, 인증 유효기간(3년), 갱신제 등이 신설된다. 종전에 동물복지축산 인증을 받은 축산농장의 인증 유효기간에 대해서는 2~4년의 범위에서 별도의 경과조치 규정을 두었다.

| 관련판례 |

동물 자체가 위자료 청구권의 귀속주체가 될 수 있는지 여부 및 그 동물이 반려동물이어도 마찬가지인지 여부에 관한 판례

동물의 생명보호, 안전 보장 및 복지 증진을 꾀하고 동물의 생명 존중 등 국민의 정서를 함양하는 데에 이바지함을 목적으로 한 동물보호법의 입법 취지나 그 규정 내용 등을 고려하더라도, 민법이나 그 밖의 법률에 동물에 대하여 권리능력을 인정하는 규정이 없고 이를 인정하는 관습법도 존재하지 아니하므로, 동물 자체가 위자료 청구권의 귀속주체가 된다고 할 수 없다. 그리고 이는 그 동물이 애완견 등 이른바 반려동물이라고 하더라도 달리 볼 수 없다(대법원 2013.4.25, 2012다118594 판결).

II. 경범죄 처벌법

경범죄 처벌법은 경범죄의 종류 및 처벌에 필요한 사항을 정함으로써 국민의 자유와 권리를 보호하고 사회공공의 질서유지에 이바지함을 목적으로 한다(경범죄 처벌법 제1조).

1. 10만원 이하의 벌금, 구류 또는 과료의 형으로 처벌하는 경범죄

빈집 등에의 침입, 흉기의 은닉휴대, 폭행 등 예비, 시체 현장변경 등, 도움이 필요한 사람 등의 신고불이행, 관명사칭 등, 물품강매 · 호객행위, 광고물 무단부착 등, 마시는 물 사용방해, 쓰레기 등 투기, 노상방뇨 등, 의식방해, 단체가입 강요, 자연훼손, 타인의 가축 · 기계 등 무단조작, 물길의 흐름 방해, 구걸행위 등, 불안감 조성, 음주소란 등, 인근소란 등, 위험한 불씨 사용, 물건 던지기 등 위험행위, 인공구조물 등의 관리소홀, 위험한 동물의 관리 소홀, 동물 등에 의한 행패 등, 무단소등, 공중통로 안전관리소홀, 공무원 원조불응, 거짓 인적사항 사용, 미신요법, 야간통행 제한 위반, 과다노출, 지문채취 불응, 자릿세 징수 등, 행렬방해, 무단 출입, 총포 등 조작장난, 무임승차 및 무전취식, 장난전화 등, 지속적 괴롭힘.

2. 20만원 이하의 벌금, 구류 또는 과료의 형으로 처벌하는 경범죄

출판물의 부당게재 등, 거짓 광고, 업무방해, 암표매매.

3. 60만원 이하의 벌금, 구류 또는 과료의 형으로 처벌하는 경범죄

관공서에서의 주취소란, 거짓신고.

| 관련판례 1 |

경범죄처벌법상 범칙금제도의 의의 및 범칙금의 납부에 따라 확정판결에 준하는 효력이 인정되는 범위에 관한 판례

경범죄처벌법상 범칙금제도는 형사절차에 앞서 경찰서장 등의 통고처분에 의하여 일정액의 범칙금을 납부하는 기회를 부여하여 그 범칙금을 납부하는 사람에 대하여는 기소를 하지 아니하고 사건을 간이하고 신속, 적정하게 처리하기 위하여 처벌의 특례를 마련해 둔 것이라는 점에서 법원의 재판절차와는 제도적 취지 및 법적 성질에서 차이가 있다. 그리고 범칙금의 납부에 따라 확정판결에 준하는 효력이 인정되는 범위는 범칙금 통고의 이유에 기재된 당해 범칙행위 자체 및 그 범칙행위와 동일성이 인정되는 범칙행위에 한정된다. 따라서 범칙행위와 같은 시간과 장소에서 이루어진 행위라 하더라도 범칙행위의 동일성을 벗어난 형사범죄행위에 대하여는 범칙금의 납부에 따라 확정판결에 준하는 일사부재리의 효력이 미치지 아니한다(대법원 2011.4.28, 2009도12249 판결).

| 관련판례 2 |

주거지에서 음악 소리를 크게 내거나 큰 소리로 떠들어 이웃을 시끄럽게 하는 행위가 경범죄 처벌법상 경범죄에 해당하는지 여부와 경찰관이 경찰관 직무집행법에 따라 경범죄에 해당하는 행위를 예방·진압·수사하고, 필요한 경우 제지할 수 있는지 여부에 관한 판례

주거지에서 음악 소리를 크게 내거나 큰 소리로 떠들어 이웃을 시끄럽게 하는 행위는 경범죄 처벌법 제3조 제1항 제21호에서 경범죄로 정한 '인근소란 등'에 해당한다. 경찰관은 경찰관 직무집행법에 따라 경범죄에 해당하는 행위를 예방 · 진압 · 수사하고, 필요한 경우 제지할 수 있다(대법원 2018.12.13, 2016도19417 판결).

Ⅲ. 가정폭력범죄의 처벌 등에 관한 특례법(약칭 : 가정폭력처벌법)

1. 가정폭력처벌법의 목적

가정폭력처벌법은 가정폭력범죄의 형사처벌 절차에 관한 특례를 정하고 가정폭력범죄를 범한 사람에 대하여 환경의 조정과 성행의 교정을 위한 보호처분을 함으로써 가정폭력범죄로 파괴된 가정의 평화와 안정을 회복하고 건강한 가정을 가꾸며 피해자와 가족구성원의 인권을 보호함을 목적으로 한다.

2. 가정폭력처벌법에서 사용하는 주요 용어의 뜻

(1) 가정폭력

가정폭력이란 가정구성원 사이의 신체적, 정신적 또는 재산상 피해를 수반하는 행위를 말한다.

(2) 가정구성원

가정구성원이란 배우자(사실상 혼인관계에 있는 사람을 포함) 또는 배우자였던 사람, 자기 또는 배우자와 직계존비속관계(사실상의 양친자관계를 포함)에 있거나 있었던 사람, 계부모와 자녀의 관계 또는 적모와 서자의 관계에 있거나 있었던 사람, 동거하는 친족의 어느 하나에 해당하는 사람을 말한다.

(3) 가정폭력죄

가정폭력범죄란 가정폭력으로 형법에서 규정한 상해죄와 폭행죄(존속상해 · 존속폭행 · 상습범 등), 유기죄와 학대죄(존속유기 · 영아유기 · 존속학대 · 아동혹사 등), 체포 · 감금죄(존속체포 · 존속감금 · 미수범 등), 협박죄(존속협박 등), 명예에 관한 죄(명예훼손 등), 주거침입죄, 권리행사방해죄, 공갈죄, 손괴죄의 재물손괴에 해당하는 죄를 가리킨다. 또 아동복지법에서 금지한 아동에게 구걸을 시키거나 아동을 이용하여 구걸하는 행위도 포함된다.

(4) 가정폭력행위자

가정폭력행위자란 가정폭력범죄를 범한 사람 및 가정구성원인 공범을 말한다.

(5) 피 해 자

피해자란 가정폭력범죄로 인하여 직접적으로 피해를 입은 사람을 말한다.

3. 가정폭력죄의 형사적 처리

이 특례법에 따라 누구든지 가정폭력범죄를 알게 된 자는 신고할 의무가 있다. 형사소송법에서는 자기 또는 배우자의 직계존속을 고소하지 못하도록 규정하고 있으나(형사소송법 제224조), 이 특례법에 따라 가정폭력범죄 행위자가 자기 또는 배우자의 직계존속인 경우에도 고소할 수 있다. 또한, 피해자가 신고를 하지 않아도, 사회복지 담당자나 의사가 관찰해서 사실이 확인되면 바로 신고해야 할 의무가 있다.

한편, 가정폭력을 예방하고 가정폭력의 피해자를 보호·지원함을 목적으로 가정폭력방지 및 피해자보호 등에 관한 법률(약칭 : 가정폭력방지법)이 제정되어 시행되고 있다.

| 관련판례 |

남편이 처에게 폭력을 행사하여 처가 남편을 상대로 이혼소송을 제기하고 남편 또한 이혼하려고 한 경우에도 남편에게 가정폭력범죄의 처벌 등에 관한 특례법에 정한 보호처분을 할 수 있다고 한 사례

원심은, 가정폭력범죄의 처벌 등에 관한 특례법(이하 '특례법'이라고만 한다)의 관련 규정에 비추어 볼 때, 재항고인의 가정폭력범죄 후 피해자가 재항고인을 상대로 이혼소송을 제기하였고 재항고인 또한, 피해자와 이혼하려고 마음먹었다고 하여 재항고인에게 특례법 소정의 보호처분을 할 수 없는 것이 아니라는 등의 이유로 재항고인에게 80시간의 사회봉사명령을 명한 제1심 결정을 그대로 유지하였

> 는바, 관련 법리 및 기록에 의하여 살펴보면, 원심의 조치는 정당하고, 재항고이유의 주장과 같이 특례법의 해석을 잘못한 위법 등이 없다(대법원 2008.8.12, 자, 2008어5 결정).

Ⅳ. 성희롱 관련법

1. 양성평등기본법

(1) 양성평등기본법의 목적과 기본이념

양성평등기본법의 대한민국헌법의 양성평등 이념을 실현하기 위한 국가와 지방자치단체의 책무 등에 관한 기본적인 사항을 규정함으로써 정치 · 경제 · 사회 · 문화의 모든 영역에서 양성평등을 실현하는 것을 목적으로 하며(법 제1조), 개인의 존엄과 인권의 존중을 바탕으로 성차별적 의식과 관행을 없애고, 여성과 남성이 동등한 참여와 대우를 받고 모든 영역에서 평등한 책임과 권리를 공유함으로써 실질적 양성평등 사회를 이루는 것을 기본이념으로 한다(법 제2조).

(2) 양성평등기본법에서의 양성평등과 성희롱의 의의

(가) 양성평등

양성평등이란 성별에 따른 차별, 편견, 비하 및 폭력 없이 인권을 동등하게 보장받고 모든 영역에 동등하게 참여하고 대우받는 것을 말한다(법 제3조 제1호).

(나) 성희롱

성희롱이란 업무, 고용, 그 밖의 관계에서 국가기관 · 지방자치단체 또는 대통령령으로 정하는 공공단체의 종사자, 사용자 또는 근로자가 다음의 어느 하나에 해당하는 행위를 하는 경우를 말한다(법 제3조 제2호).

① 지위를 이용하거나 업무 등과 관련하여 성적 언동 또는 성적 요구 등으로 상대방에게 성적 굴욕감이나 혐오감을 느끼게 하는 행위

② 상대방이 성적 언동 또는 성적 요구에 따르지 아니한다는 이유로 불이익을 주거나 그에 따르는 것을 조건으로 이익 공여의 의사표시를 하는 행위

| 관련판례 1 |

지위를 이용하거나 업무 등과 관련하여'의 의미 및 그 판단 기준에 관한 판례

'지위를 이용하거나 업무 등과 관련하여'라는 요건은 포괄적인 업무관련성을 나타낸 것으로서 업무수행의 기회나 업무수행에 편승하여 성적 언동이 이루어진 경우뿐 아니라 권한을 남용하거나 업무수행을 빙자하여 성적 언동을 한 경우도 이에 포함되고, 어떠한 성적 언동이 업무관련성이 인정되는지 여부는 쌍방 당사자의 관계, 행위가 행해진 장소 및 상황, 행위의 내용 및 정도 등의 구체적 사정을 참작하여 판단하여야 한다(대법원 2006.12.21, 2005두13414 판결).

| 관련판례 2 |

양성평등기본법 제3조 제2호 등에서 정한 성희롱의 의미 및 이 때 '성적 언동'의 의미와 성희롱이 성립하기 위한 요건에 관한 판례

성희롱이란 업무, 고용, 그 밖의 관계에서 국가기관 · 지방자치단체, 각급 학교, 공직유관단체 등 공공단체의 종사자, 직장의 사업주 · 상급자 또는 근로자가 ① 지위를 이용하거나 업무 등과 관련하여 성적 언동 또는 성적 요구 등으로 상대방에게 성적 굴욕감이나 혐오감을 느끼게 하는 행위, ② 상대방이 성적 언동 또는 요구 등에 따르지 아니한다는 이유로 불이익을 주거나 그에 따르는 것을 조건으로 이익 공여의 의사표시를 하는 행위를 하는 것을 말한다[양성평등기본법 제3조 제2호, 남녀고용평등과 일 · 가정 양립 지원에 관한 법률 제2조 제2호, 국가인권위원회법 제2조 제3호(라)목 등 참조]. 여기에서 '성적 언동'이란 남녀 간의 육체적 관계나 남성 또는 여성의 신체적 특징과 관련된 육체적, 언어적, 시각적 행위로서 사회공동체의 건전한 상식과 관행에 비추어 볼 때, 객관적으로 상대방과 같은 처지에 있는 일반적이고도 평균적인 사람으로 하여금 성적 굴욕감이나 혐오감을 느끼게 할 수 있는 행위를 의미한다.

성희롱이 성립하기 위해서는 행위자에게 반드시 성적 동기나 의도가 있어야 하는 것은 아니지만, 당사자의 관계, 행위가 행해진 장소 및 상황, 행위에 대한 상대방의 명시적 또는 추정적인 반응의 내용, 행위의 내용 및 정도, 행위가 일회적 또는 단기간의 것인지 아니면 계속적인 것인지 등의 구체적 사정을 참작하여 볼 때, 객관적으로 상대방과 같은 처지에 있는 일반적이고도 평균적인 사람으로 하여금 성적 굴욕감이나 혐오감을 느낄 수 있게 하는 행위가 있고, 그로 인하여 행위의 상대방이 성적 굴욕감이나 혐오감을 느꼈음이 인정되어야 한다(대법원 2018.4.12, 2017두74702 판결).

2. 국가인권위원회법

(1) 국가인권위원회법의 목적

국가인권위원회법은 국가인권위원회를 설립하여 모든 개인이 가지는 불가침의 기본적 인권을 보호하고 그 수준을 향상시킴으로써 인간으로서의 존엄과 가치를 실현하고 민주적 기본질서의 확립에 이바지함을 목적으로 한다(법 제1조).

(2) 국가인권위원회법에서의 성희롱의 의의

성희롱이란 업무, 고용, 그 밖의 관계에서 공공기관의 종사자, 사용자 또는 근로자가 그 직위를 이용하여 또는 업무 등과 관련하여 성적 언동 등으로 성적 굴욕감 또는 혐오감을 느끼게 하거나 성적 언동 또는 그 밖의 요구 등에 따르지 아니한다는 이유로 고용상의 불이익을 주는 것을 말한다(법 제2조 제3호).

| 관련판례 |

국가인권위원회법 제2조 제4호(라)목(현행 제2조 제3호)의 '성희롱 행위'가 성립하려면 그 행위가 평등권을 침해하는 차별행위이어야 하는지 여부에 관한 판례

국가인권위원회법의 관련 규정에 의하면 제2조 제4호(라)목(현행 제2조 제3호)의 '성희롱 행위'는 제2조 제5호의 요건을 충족하면 성립하고 당해 행위가 성희롱 대상자를 우대 · 배제 · 구별하거나 불리하게 대우하는 행위이어야 할 필요는 없다(대법원 2008.10.9, 2008두7854 판결).

3. 남녀고용평등과 일 · 가정 양립 지원에 관한 법률(약칭 : 남녀고용평등법)

(1) 남녀고용평등법의 목적

남녀고용평등법은 대한민국헌법의 평등이념에 따라 고용에서 남녀의 평등한 기회와 대우를 보장하고 모성 보호와 여성 고용을 촉진하여 남녀고용평등을 실현함과 아울러 근로자의 일과 가정의 양립을 지원함으로써 모든 국민의 삶의 질 향상에 이바지하는 것을 목적으로 한다(법 제1조).

(2) 남녀고용평등법에서의 직장 내 성희롱의 의의

직장 내 성희롱이란 사업주 · 상급자 또는 근로자가 직장 내의 지위를 이용하거나 업무와 관련하여 다른 근로자에게 성적 언동 등으로 성적 굴욕감 또는 혐오감을 느끼게 하거나 성적 언동 또는 그 밖의 요구 등에 따르지 아니하였다는 이유로 근로조건 및 고용에서 불이익을 주는 것을 말한다(법 제2조 제2호).

| 관련판례 |

남녀고용평등과 일 · 가정 양립 지원에 관한 법률 제2조 제2호 등에서 정한 '직장 내 성희롱'이 성립하기 위한 요건 및 이를 판단하는 기준 / 다른 사람이나 매체 등을 통해 전파하는 간접적인 방법으로 성적 굴욕감 또는 혐오감을 느낄 수 있는 환경을 조성하는 경우가 위 규정에서 정한 '성적 언동 등'에 포함되는지 여부에 관한 판례

남녀고용평등과 일 · 가정 양립 지원에 관한 법률 제12조는 "사업주, 상급자 또는 근로자는 직장 내 성희롱을 하여서는 아니 된다."라고 정하여 직장 내 성희롱을 금지하고 있고, 같은 법 제2조 제2호는 '직장 내 성희롱'을 "사업주 · 상급자 또는 근로자가 직장 내의 지위를 이용하거나 업무와 관련하여 다른 근로자에게 성적 언동 등으로 성적 굴욕감 또는 혐오감을 느끼게 하거나 성적 언동 또는 그 밖의 요구 등에 따르지 아니하였다는 이유로 근로조건 및 고용에서 불이익을 주는 것"으로 정의하고 있다. 남녀고용평등과 일 · 가정 양립 지원에 관한 법률 시행규칙 제2조 [별표 1]은 직장 내 성희롱을 판단하기 위한 기준을 예시하면서 성적인 언동 중 언어적 행위의 하나로 "성적인 사실관계를 묻거나 성적인 내용의 정보를 의도적으로 퍼뜨리는 행위"를 들고 있고, "성희롱 여부를 판단하는 때에는 피해자의 주관적 사정을 고려하되, 사회통념상 합리적인 사람이 피해자의 입장이라면 문제가 되는 행동에 대하여 어떻게 판단하고 대응하였을 것인가를 함께 고려하여야 하며, 결과적으로 위협적 · 적대적인 고용환경을 형성하여 업무능률을 떨어뜨리게 되는지를 검토하여야 한다."라고 정하고 있다.

'성적 언동'이란 남녀 간의 육체적 관계 또는 남성이나 여성의 신체적 특징과 관련된 육체적, 언어적, 시각적 행위로서, 사회공동체의 건전한 상식과 관행에 비추어 볼 때 객관적으로 상대방과 같은 처지에 있는 일반적이고도 평균적인 사람으로 하여금 성적 굴욕감이나 혐오감을 느끼게 할 수 있는 행위를 뜻한다. 성희롱이 성립하기 위해서 행위자에게 반드시 성적 동기나 의도가 있어야 하는 것은 아니지만, 당사자의 관계, 행위가 행해진 장소와 상황, 행위에 대한 상대방의 명시적 또는 추정적인 반응의 내용, 행위의 내용과 정도, 행위가 일회적 또는 단기간의 것인지 아니면 계속적인 것인지 등 구체적인 사정을 참작하여 볼 때 성적 언동 등으로 상대방이 성적 굴욕감이나 혐오감을 느꼈다고 인정되어야 한다. 그러한 성적 언동 등에는 피해자에게 직접 성적 굴욕감 또는 혐오감을 준 경우뿐만 아니라 다른 사람이나 매체 등을 통해 전파하는 간접적인 방법으로 성적 굴욕감 또는 혐오감을 느낄 수 있는 환경을 조성하는 경우도 포함된다.

'지위를 이용하거나 업무와 관련하여'라는 요건은 포괄적인 업무관련성을 나타낸 것이다. 업무수행 기회나 업무수행에 편승하여 성적 언동이 이루어진 경우뿐만 아니라 권한을 남용하거나 업무수행을 빙자하여 성적 언동을 한 경우도 이에 포함된다. 어떠한 성적 언동이 업무관련성이 인정되는지는 쌍방 당사자의 관계, 행위가 이루어진 장소와 상황, 행위 내용과 정도 등 구체적인 사정을 참작해서 판단해야 한다(대법원 2021.9.16, 2021다219529 판결).

<요 약>

① 반려동물 관련 주된 법 : 동물보호법

② 반려견 외출시 목줄 길이 2m 제한

③ 동물 자체가 위자료 청구권의 귀속주체가 될 수 있는지 여부 : 없다

④ 가정폭력 : 가정구성원 사이의 신체적, 정신적 또는 재산상 피해를 수반하는 행위

⑤ 가정폭력행위자 : 가정폭력범죄를 범한 사람 및 가정구성원인 공범

⑥ 양성평등 : 성별에 따른 차별, 편견, 비하 및 폭력 없이 인권을 동등하게 보장받고 모든 영역에 동등하게 참여하고 대우받는 것

⑦ 직장 내 성희롱 : 사업주 · 상급자 또는 근로자가 직장 내의 지위를 이용하거나 업무와 관련하여 다른 근로자에게 성적 언동 등으로 성적 굴욕감 또는 혐오감을 느끼게 하거나 성적 언동 또는 그 밖의 요구 등에 따르지 아니하였다는 이유로 근로조건 및 고용에서 불이익을 주는 것

저자 약력

- 단국대학교 법학과 · 동 대학원 졸
- 장안대학교 교수

주요저서 및 논문
- 조문중심 민법해설(법문사)
- 알기쉬운 기업법(공저, 법문사) 외 다수

판례중심 법과 생활

초판 인쇄 2022년 06월 20일
초판 발행 2022년 06월 24일

저 자 한동주
발행인 하인웅
발행처 삼조사

등록일자 1994년 12월 13일
등록번호 제11-410호(倫)

주 소 서울특별시 종로구 교남동 47-2
전 화 733-4388(代)
팩 스 733-4389
이메일 samjosa@hanmail.net

정 가 22,000원
ISBN 979-11-5595-128-6 93360